本书由山西省高等学校哲学社会科学项目（2022W124 高校辅导员育人案例资源库建设）

山西省高等学校思想政治教育研究会项目（SYH2023-014 基于大数据的高校三全育人信息化建设）

山西大同大学辅导员工作室—生命教育创新工作室

山西大同大学校级思想政治教育专项科研项目（2023S7核心素养5C模型视角下地域文化与高校校园文化耦合育人策略研究—以大同市为例）

山西江昶煤炭销售有限公司横向课题（202505003家庭教育及生命教育专项服务）资助

大数据背景下的
高校三全育人信息化建设

蔡占玲 | 著

中国书籍出版社
China Book Press

图书在版编目（CIP）数据

大数据背景下的高校三全育人信息化建设/蔡占玲著. — 北京：中国书籍出版社，2025. 4. — ISBN 978 - 7 - 5241 - 0252 - 6

Ⅰ. G649. 2

中国国家版本馆 CIP 数据核字第 20256RM136 号

大数据背景下的高校三全育人信息化建设

蔡占玲　著

责任编辑　戎　骞　王　淼
责任印制　孙马飞　马　芝
封面设计　中联华文
出版发行　中国书籍出版社
地　　址　北京市丰台区三路居路 97 号（邮编：100073）
电　　话　（010）52257143（总编室）　（010）52257140（发行部）
电子邮箱　eo@ chinabp. com. cn
经　　销　全国新华书店
印　　刷　三河市华东印刷有限公司
开　　本　710 毫米×1000 毫米　1/16
字　　数　181 千字
印　　张　16
版　　次　2025 年 4 月第 1 版　2025 年 4 月第 1 次印刷
书　　号　ISBN 978 - 7 - 5241 - 0252 - 6
定　　价　78. 00 元

前　言

随着通信网络的发展、计算能力的增强以及智能终端的普及，人类在工作、学习、社交、娱乐、消费等方面产生的数据，正以爆炸式的速度快速膨胀，且不断更新变化。这是一场史无前例的“数据革命”，人类进入了浩瀚纷繁的大数据时代。大数据技术在政务、电商、媒体、金融、教育、医疗、交通、安防等各领域广泛应用，并日益影响着人们的生产、生活方式和思维、行为模式①。

在教育领域，从《中国教育现代化2035规划》《高等学校人工智能创新行动计划》《教育信息化2.0行动计划》一系列文件的印发，到2022年全国教育工作会议上“教育数字化战略行动”的崭新亮相，无不彰显着党和国家对信息技术推动教育发展的高度重视和推动教育变革转型的坚定决心。

我国于2000年提出“教育信息化”。实际上，数字化一直是教育信息化的支撑和保障。发展初期，数字化表现为信息的存储和基础加

① 尼古拉·尼葛洛庞帝．数字化生存［M］．胡泳，范海燕，译．海口：海南出版社，1997：269.

工；随着技术的发展升级，教育信息化逐渐表现出网络化、智能化的特征。高校作为引领大学生价值养成和服务大学生成长成才的主阵地，亟须在教育教学理念、教育管理手段、教育资源供给、教育协同路径等多方面创新、完善、改革①，构建基于大数据的三全育人信息系统，实现数据驱动的教育治理新模式。

本书的撰写基于对高校三全育人工作的全方位调研，并广泛听取了师生、专家的意见，是运用信息化、数字化提升高校整体教育质量的有益探索。全书共分六章。第一章简要概述教育信息化、数字化及三全育人的基本概念；第二章重点分析三全育人信息化建设的理论基础；第三章详细阐述三全育人信息化建设的目标、原则、特征、价值等基本内涵；第四章描述了三全育人信息化建设目前的成效和存在的问题及问题归因；第五章论述了三全育人信息化建设的对策；第六章论及三全育人信息化系统各子平台的系统设计；第七章介绍了三全育人信息化建设的评价。

本书在编写过程中，广泛参阅了近些年国内外该领域的有关会议论文、论著和学术报告等，在参考文献中未能一一列出，谨致歉意。

因笔者能力和时间所限，本书中疏漏及欠妥之处，敬希望读者批评指正。作者电子信箱为：1326302445@ qq. com 和 caicai2636@ 126. com。

① 教育部课题组．《深入学习习近平关于教育的重要论述》［M］. 北京：人民出版社，2019 年版.

目　录

CONTENTS

第一章

绪　论

第一节　教育信息化的概念及建设历程

一、教育信息化的概念

（一）教育信息化的定义

20 世纪 60 年代，“Informationization”一词在日本学界开始出现。学界普遍认为，我国的“信息化”就是从该词的中文译法演变而来，泛指信息技术在社会经济生活等各个领域的应用。20 世纪末，美国克林顿政府为了推动信息技术的广泛应用，发起“信息高速公路”计划（National Information Superhighway Initiative），并提出 21 世纪教育领域中要通过信息技术的广泛深入应用实现教育改革创新。自此，世界各国开始关注信息化在教育领域的应用。ICT in Education、Informationizational Education、Online Education、Technology in Education 等关键词成为国外信息化建设的研究重点。

对“教育信息化”这一概念，目前尚未形成统一概念界定。中国电化教育之父南国农，在其著作《教育信息化建设的几个理论和实际问题（上）》中指出，教育信息化即是在教育中推广应用现代信息技术，开发教育资源，优化教育过程，提升学生的信息素养，推动教育现代化的过程。何克抗教授则认为教育信息化，是将信息和信息技术广泛应用于教育教学各领域和部门。何先生尤其强调教育信息化的要素应该包括“信息”和“信息技术”两个方面，而不仅仅是“信息技术的应用”。祝智庭先生是国内教育信息化领域的知名专家，也是国内教育信息化技术标准体系的带头人，他认为教育信息化是把电脑、多媒体、网络等现代化的信息技术应用到教育教学中去。另外，许多专家、学者通过对现有“教育信息化”“信息化教育”等相关概念进行总结、归纳，结合教育实际，形成了新的定义。总之，虽然不同的概念界定有所差异，但都强调教育信息化是一个过程，都是把“信息与信息技术”或“信息技术”应用在教育整个过程，来推动整个教育领域的改革及教育现代化的实现。

（二）教育信息化的内涵

教育信息化，其内涵一方面指对学生信息素养的培养，使学生满足信息时代的要求；另一方面指教育领域的信息化应用，包括教育信息化资源的开发、信息化教育教学工具的利用等等。

教育信息化的基本含义可以概括为以下 5 点：

1. 信息技术应该为教育现代化服务；
2. 各级教育行政部门应统筹规划、实施教育信息化建设；
3. 教育信息化应深入融合于教育整个过程；

4. 教育信息化是一个发展渐进的进程；

5. 教育体系中的每一个方面，都必须建立在“教育资源”的建设之上。

（三）教育信息化的特点

教育信息化兼具“技术”和“教育”两种属性。

1. 技术属性方面，数字化、网络化、多媒化、智能化是教育信息化的特征。数字化使教育信息系统标准统一、设备简单、运行可靠。网络化使时空限制可突破、信息资源能共享、交流合作更容易。多媒化使信媒设备一体化、信息表征多元化、复杂现象虚拟化。智能化使系统实现人机通讯自然化、繁杂任务代理化、教育行为人性化。

2. 教育属性方面，开放性、共享性、交互性、协作性是教育信息化的特征。开放性打破了以学校为中心的传统教育模式，使教育走向社会化、自主化、终身化。共享性是实现教育资源的重要路径。交互性有助于实现人机之间、师生之间、师师之间、学生之间的多维互动，促进广泛的沟通交流。协作性使广大教育者拥有更多的与他人合作的机会。

（四）教育信息化的层次

伴随信息技术的发展，教育信息化也表现出不同的发展层次。

1. 根据教育信息化的应用范围，可以将教育信息化分为三个层面，即家庭教育信息化、学校教育信息化和社会教育信息化。

2. 根据教育信息化的发展过程，可以将教育信息化分为教育媒体信息化、教育产业信息化和教育行业信息化三个层面。教育媒体信息化意味着教育媒体产品的信息比重在提高，素材比重在降低，产品特征逐步从“物质”的特点转变为“信息”的特点。教育产业信息化是指借助信息技术，逐步构成一个完整的教育传媒产业链。教育行业信息化是指整个教育领域包括教育观念、设施、内容、方法等各方面要素的信息化。其中，教育媒体信息化为教育行业信息化提供了基本支持，而教育产业信息化则是对教育媒体信息化的聚合提升，教育行业信息化是教育媒体信息化和教育产业信息化发展到一定程度的必然结果。

3. 根据教育信息化的内容，可以将教育信息化分为教育设施信息化、教育资源信息化和教育管理信息化三个层面。其中，教育设施信息化是基础，教育资源信息化是核心，教育管理信息化是保障。

二、教育信息化的要素

（一）网络

信息网络对教育信息化来说至关重要，是支撑教育信息化的重要物质基础。中国教育与科研网（CERNET），“数字校园”、远程教育网络，以及多媒体教室、计算机教室等等，都是教育网络基础设施建设的重点项目。

（二）资源

这里的资源，泛指各教育环节中所使用的各类信息资源。教育信息资源的开发及利用是教育信息化的关键环节。教育信息资源可分为两大类。一类是教育软件资源，如多媒体素材、课件、网络课程，是生产、传输、加工、分析、使用教育信息资源的工具类资源和网络资源等。另一类是教育管理信息资源，主要指教育管理信息平台的基础数据。

（三）应用

教育信息化的目的就是引入信息技术来促进教育更好地发展。在信息技术的应用中，要做到三点：一是要构建与当地教育信息化环境、目标、内容等实际情况相适宜的教育教学模式；二是要激发师生应用信息技术的兴趣，培养师生应用信息技术的能力；三是要将信息技术与课程有机融合集成。

（四）产业

主要指对信息采集、加工、储存、传输、分析、使用的物化形态和智能形态的手段及方法。

（五）人才

从横向类别来看，教育信息化人才可分为通识型和专业型两类。通识型教育信息化人才指从事教育相关工作的一般人员，一般来说应具备基本的获取、分析和处理信息的能力。专业型教育信息化人才指从事教育信息技术研究、开发和维护的专门人才，比如软件工程师、网络工程师等。一般情况下，相比通识型教育信息化人才，专业型教育信息化人才分工更细，要求也更高。

从纵向层次来看，教育信息化人才可分为管理层教育信息化人才和执行层教育信息化人才。管理层教育信息化人才主要指实施教育信息化顶层规划、管理的部门（组织）负责人，在教育信息化的设计、实施中起战略决策指导的作用，明确单位（组织）教育信息化发展的层次定位，并能从制度层面保障信息化工作的顺利进行。执行层教育信息化人才指具体实施具体项目的电脑、网络等专业人才，他们的主要工作一是运用战术将上层决策进行落实；二是培训单位师生员工使其具备相应的信息化技能。

三、教育信息化的发展趋势

随着计算机、网络技术的迅速发展及普及应用，我国高校的教育信息化也“跨越式”地向前迈进，“智慧校园”“一卡通”等信息化体系平台，不仅为师生提供了更多更好的信息化服务，同时也使教育从形式到内容都产生了深刻的变革。首先，现代信息化下的教学，不再只是“黑板+粉笔”，而是以多媒体应用和网络为显著特征，课堂效率得到很大提高，教育逐步向“智慧”这一方向发展。其次，现代信息化下的教学更加重视学生的“中心”主体地位，强调学生的主体作用发挥等等。

教育信息化既出于提升教育的自身需要，也是对有效利用教育资源的社会需求的有效回应。因此面向教育的数据中心的构建，对其性能提出了更高的要求，并要求其具有更好的管理与维护能力。

第一个方面，要求硬件、软件及教育资源建设上，从重“教”、重“管”转向重“学”。

第二个方面，要求教育信息化产业的价值分布避免单纯的“倒金字塔”形态，而是不断更新升级，逐渐向上移动。

第三个方面，要求建设投入中应用的比重增加，硬件的比重减少。

第四个方面，要求教育信息系统不断提升智能化水平，逐步实现更加可靠智慧的系统应用辅助决策。

第二节 教育信息化国内外发展策略

一、国内外教育信息化发展策略

(一) 国外教育信息化发展策略

1. 美国：找出学校数字化发展障碍并制定措施

1997 年，美国时任总统克林顿发起“教育信息化基金”计划，5 年内共投资 76.5 亿美元。另外，大量的网上教学资源被开发出来，大量的电子书被出版。2000 年 12 月，联邦教育部门也设立了五项“全国教育科技的新目标”。2001 年 1 月，美国时任总统布什发表《教育行动计划》，把网络教学列为美国基础教育信息化建设的一项新战略。2022 年，美国联邦电信委员会公布将拨出二百二十五亿美金，用于购买网络装置，以及为中小学、图书馆及社区提供网络服务。

美国 MDR 市场调查公司公布的报告《向数字化转变：驱动力、效益和障碍》认为，美国学校向数字化教学转化的进展持续但缓慢，主要缘于技术和法律方面的障碍，以及教育技术商业模式、学校教材购买方式的限制等。报告主要分析并归纳了其中 5 方面的障碍：教师不能自如地使用新技术，对教师教育技术的培训力度不足、渠道不广；学生数据隐私和安全存在隐患，技术提供商对数据安全风险的提示和防范不够；学校购买教材方式过时，多数州和学区对教材购买的政策规定仍基于纸质教材；知识产权不清，教师对经网络传播的教材知识产权归属不清；网络资源分类不清，许多信息资源在网络上传播时并没有针对内容添加相应标签，导致教师难以通过标签关键词搜索到与具体的教学水平、年级要求等相适应的教材。报告同时总结了推进学校数字化发展的举措，包括提高网络带宽速度和无线网覆盖率，加强学习管理工具和系统对不同类型资源的兼容性，提升教师数字化教学的能力等。

2. 日本：各学段信息教育呈现不同特点

日本十分重视信息化硬件建设、信息软件投资、信息技术资源开发及教师信息技能培训，且通过行政指导、民间支持等举措，教育信息化发展迅速。在不同的学段，日本教育信息化也具有不同的特点。

小学阶段：对信息化教育只有一些原则性的要求。有些学校注重培养学生的实际应用能力，而另一些则停留在简单地学生为提供使用电脑的机会。

初中阶段：将“信息基础”作为一门选修课程，平均 25 课时，以电脑设备的使用和初级软件的应用为主，使学生初步具备网络学习的能力。

高中阶段：很多学校开展了信息化教学活动，但还没有普及到全部学校和全部课程。在一般高校中与商务相关的专业课程设置了《信息处理》课程。职教类、综合性类高中一般都把与资讯知识相关的课程设定为原则性的选修课程。

另外，日本认为信息伦理道德是“有效利用信息能力”的重要条件，因此在课程中融入了信息伦理道德相关知识，以此来培养学生的信息道德意识。

3. 意大利：银行放贷助力学生购置电脑

意大利总理办公室与意大利银行业联盟联合宣布，将为高三在校生提供免息贷款，约有60万名学生可以用更低的价钱买到自己的个人计算机。公报显示，所有于2000年9月入学的高中三年级学生，都可从政府指定的银行领取144万里拉支票（约合700美元）用于购买个人电脑。公告称，此次活动旨在协助年轻学子熟悉计算机，让他们在因特网上更便捷地获得更多信息资讯。

4. 英国：政府给所有学生提供免费的邮箱账号

1995年10月，英国政府制订了“英格兰网络”五年计划，并许诺拨款一亿六千万元，发展所有中小学的资讯科技，到2002年，中等教育的人机比率达到7.9：1，各级学校的校园网达到2.6：1，并且大部分小学都能使用校园网。1997年创建了虚拟教师。1998年创建了全国教育门户，“电邮计划”在学校推广开来，并免费发给所有同学一个电子邮件账户。

5. 捷克：校园普及互联网

捷克政府为了使因特网遍及所有学校，制定计划要求2001年底前所有的中小学和大学开设计算机课程，普及因特网。为此拨款70亿克朗（约36克朗兑换1美元）。捷克教育部长米洛斯·泽曼在接受媒体采访时表示，捷克的信息科技发展相对滞后，发展现状远远落后于欧美国家。目前制约高校网络建设的最大问题是资金短缺和人才短缺，很多学校都没有电脑课，也负担不起昂贵的电话和网络费用，大部分老师都不会使用电脑。

6. 新加坡

1997年新加坡推出 Master Plan 1（MP1）计划，要求到2002年，每2名学生拥有1台计算机，每名教师拥有一台手提电脑，老师利用信息技术授课的时间不能低于总学时的30%。2002年新加坡又启动了Master Plan 2（MP2）。从1997年到2002年，新加坡政府共投入20亿新元用于计算机、网络等硬件设备的建设、应用软件的研发、教师信息技术培训等方面。此外，在中小学信息化硬件维修、应用软件研发和教师信息化培训等方面新政府每年另拨6亿新元。为了更好推动教育信息化的实施，新加坡还对申请使用Email（邮箱）的小学四年级以上学生和全体教师免费。多种举措之下，新加坡“教育智能岛”初见端倪。

（二）国内教育信息化发展策略

在我国，教育信息化的源头要从电化教育说起。1915年，金陵大学设立了电影放映馆，中国电化教育由此开始。1936年，“电化教育”这一术语正式被政府采用。1949年，电教馆开始在全国各地成立。1960年，全国建立了首个电大。1978年，电大在全国范围内成立。此后，在信息化的助力下，电大取得了长足的发展和进步，为我国培养了大量的应用型人才。20世纪90年代，我国先后设立了国务院信息化领导小组、信息产业部，为信息化的战略制定及规划实施提供了组织保障。1994年，CERNET（中国教育和科研计算机网示范工程）实现了与国际互联网的互联互通，是中国首个采用TCP/IP协议的国家互联网络。至此中国信息化开始全面建设。1995年，我国高校成为CERNET第一批互联网用户。1997年，国家提出了要对远程教育进行整体规划的构想。1998年，《面向21世纪教育振兴行动计划》中提出了“现代远程教育”的概念。此计划旨在建立一个开放式的网络和终身学习系统。1999 年，中共中央、国务院发文强调“要大力提高教育技术手段的现代化水平和教育信息化程度”。

可以说，2000 年以前，教育信息化尚在萌芽阶段，对它的理解尚不够透彻，只把它看作是一种辅助教学的手段，是一种典型的媒体工具理论。在科技方面，主要以电化科技为主导，其运用范围不仅限于校园，而且在大众教育中也有广泛的运用。

1. 教育信息化 1.0 时期（2000—2016 年）

阶段一：建设驱动时期（2000—2010 年）

我国在这个时期举行了全国中小学信息化工作会议，发布了《全国中小学信息技术教育工作会议报告》等多个教育信息化相关文件。在信息技术教育的普及方面，大力推行“校校通”，促进信息技术与各专业课程的有机结合，在农村地区开展现代远程教育，对教育信息化涵盖的设施、资源、师资等多个要素提出了新的要求。

在这个阶段，教育信息化受到越来越多的关注。伴随着“校校通”“农远工程”等一系列政策的出台，农村教育信息化建设已成为大势所趋。信息化事业得到了快速的发展，信息化的基础设施得到了逐步完善，数字化的教育资源得到了进一步的充实，中小学教师运用信息技术的能力得到了提升。“双主体”“学教并重”的教学理念逐渐成为中国教育信息化建设的重要理论与现实依据。

阶段二：应用驱动发展期（2010—2016 年）

2010—2016 年，我国召开了两次全国教育信息化电视电话会议，分别指出要“开展三通两平台建设”“加强深度应用、融合创新，大力提高教育信息化在促进教育公平、提高教育质量中的效率”。在《国家中长期教育改革和发展规划纲要（2010—2020年）》《教育信息化十年发展规划（2011—2020年）》《教育信息化“十三五”规划》中，都有“信息化将改变教育现状”“一条思想，两条方针”“提高教师信息化水平”“在教育信息化过程中，要充分利用信息化的优势，促进教育现代化”等重要思想。

2014年，全国范围内“一师一优课、一课一名师”，推动了信息技术在教育教学领域中的深入运用，大大提高了教学质量。2015年，在青岛举行的“世界教育信息化大会”上，与会人员共同探讨我国教育信息化建设中取得的成绩。

自2010年以来，在教育改革的进程中，教育信息化的战略地位和作用已基本确立，各项重点工作都有明显进步，教育信息化也逐渐从建设走向了深度融合，“三通”“两个平台”等方面也取得了一定的成绩。全国中小学网络覆盖率超过90%，多媒体教育教学基本普及，学生和老师拥有在线学习空间共计6300万个，进一步丰富了数字化教学资源。同时，对教师应用信息技术能力的建设进行了充分的关注，累计对中小学教师进行了近一千万的培训。

2. 教育信息化2.0时期（2017年至今）

2017年，党的十九大报告提出了“做好网络教育”的要求。2018年，国家《教育信息化2.0行动计划》，提出了“三个全面、两个高、一个重大”的战略。2018年《高校人工智能创新行动计划》，为高等学校开展人工智能领域的人才培养和科研工作提供了重要参考。2019年《中国教育现代化2035》明确提出“在信息化条件下，加速推动教育改革”。2019年《教育部等十一部门关于促进网络教育健康发展的指导意见》出台。

在这个时期，以集成式创新、智慧式领导为特点的信息化已经成为教育变革的内生性变量。此过程中主要着力于“三个转变”，即：由单一的教育资源到广泛的教育资源，由增强教师和学生的信息化素质到增强学生的信息化素质，由综合应用发展到创造性发展。

从电化教学的萌芽到教育信息化2.0①，从借鉴国外经验到形成中国本土教育信息化发展模式，从以信息环境构建、应用驱动为导向到融合创新、智慧引导，中国的教育信息化发展成效显著。目前，多数学校已经建立起了较为完整的网络教学环境，并拥有非常丰富的数字资源。在教学与管理信息化逐渐成为常态的同时，全国数字化教育资源公共服务体系以及教育管理公共服务平台也在不断地发挥着越来越大的作用。

中国教育信息化的建设成就归功于以下几个重要原因：

第一，党的领导和支持。党和国家高度重视教育信息化建设，各级政府为教育信息化建设的实施提供了强大的政策、组织保障。

第二，科学的规划和顶层设计。教育信息化在社会生活中所起到的重要作用与地位越来越重要，这就要求开展专项规划工作。近几年，国家、教育部先后发布了一系列的教育信息化规划，科学、精准的规划对促进教育信息化的发展起到了越来越大的作用。

第三，理论和实践的紧密联系。理论方面，学者们从教育、教学、

① 石雪怡．“教育2030”背景下联合国教科文组织促进教育信息化的动力、策略和行动［J］．中国远程教育，2023（05）：24-34.

学生成长等多个层面建立起了具有中国特色的教育信息化发展的理论体系。实践方面，随着与新技术的紧密结合，随着应用的深化，以及教学方式的不断革新，以信息为基础的教学和学习正逐步成为一种常态。

第四，以“人”为中心。教育部门充分考虑到了“人”的重要性，采取多种举措不断提升了师生的信息素养，不断丰富了教育信息的个性化服务，不断提升了教育信息化覆盖率，使教育信息化对教育主体、教育对象都起到越来越大的促进作用。

在中国教育正在向现代化迈进的今天，教育信息化在促进人才培养，促进教育服务创新，实现教育精准管理等方面作用重要、任务艰巨。所有教育信息化相关人员应该发扬奋斗和创新精神，积极投身于教育信息化 2.0 的建设，为实现中国的教育现代化做出应有的贡献。

二、国内外高等教育信息化发展现状比较

（1）主要国家与国际组织的发展战略

战略是行动的先导。为了适应高等教育的改革和发展，各国和国际组织都在强化顶层设计和战略意识，积极谋划和推进高等教育的数字化。

表 1-1　世界主要国家高等教育数字化战略行动比较

洲	国家	发展规划	战略行动
北美洲	加拿大	学习准则和高等教育数字素养	《数字学习战略》（Digital Learning Strategy，DLS）
	美国	育人方式和管理体制	《2022 地平线报告：教与学版》《教师数字学习指南》

续表

洲	国家	发展规划	战略行动
亚洲	中国	育人方式、办学模式、管理体制、保障机制	“国家高等教育智慧教育平台”“智慧教育”；推动社会化高质量在线课程资源纳入公共教学体系；大力推动 5G 在教育管理、学生综合评价等场景的应用；教育数据分级分类管理
	日本	打造数字化平台和提升学生数字素养	高等教育数字化平台；“科学技术创新基本计划”；《AI 战略 2021》
	韩国	打造数字化平台、数字化赋能教与学和数字评价	国家官方慕课平台；《2020 年韩国教育信息化白皮书》
	印度	建设慕课平台和加强数字伦理安全	“数字印度（Digital India）”战略；《国家教育政策 2020》
	新加坡	提高教师数字技能、推动数字化课程建设和应用数字评估	Master Plan 4（2015—2020）；《数字化就绪蓝图》《教育技术计划（2020—2030）》（EdTech Plan）
大洋洲	澳大利亚	教育信息基础设施水平和学生的数字技能水平	《数字教育革命中期计划审查：评估数字教育革命的进展和潜在未来方向》；“数字素养工作组”；《数字敏捷度框架》
欧洲	德国	数字化转型与建设	“数字型知识社会”的教育战略；数字教育倡议新举措；“国家教育平台（NEP）”
	俄罗斯	开发数字教育资源和平台和研发创新数字技术	《俄罗斯教育部活动领域相关的教育数字化战略转型方向》法令；《高等教育与科技产业的数字化转型战略》；“教育数字化转型”战略
	英国	学习空间重构、教学模式多元和数据安全保障	《教育技术战略：释放技术在教育中的潜力》《实现技术在教育中的潜力：教育提供者和技术产业战略》《网络影响 2022》
南美洲	巴西	育人方式、办学模式和管理体制	“数字转型战略”；AVAMEC 在线教育平台；《国家网络安全战略》

续表

洲	国家	发展规划	战略行动
非洲	南非	数字化赋能教与学和实施在线课程	《远程高等教育质量保障框架》《2020—2025 战略计划》
	埃及	数字化赋能教与学和课程模式变革	埃及政府 2020 年"埃及知识库（EKB）"

通过对世界主要国家高等教育数字化战略行动比较（表 1-1）可以发现，世界上各大国家都已把教育数字化提升到国家战略高度[①]。其中，美国率先开展了教育信息化建设，并对其在教育领域的作用给予了极大关注[②]，相继出台了五轮"全国教育技术计划"，并颁布了《2022 地平线报告：教与学版》。在策略上，英国更注重建构性学习空间、多元教学模式以及信息安全等多种保证；韩国更为重视数字化教育平台的构建和教育评价中信息技术方法的应用；新加坡更注重提升教师的数字化技能、推进数字化课程的建设以及数字化评价的运用，从 20 世纪 90 年代以来就不断地在全国范围内实施数字化的教育策略。

中国也高度关注并积极谋划信息及网络技术在教育领域中的应用。自 2012 年开始，国家相继颁布了一系列的发展规划、行动计划等，为推进教育信息化建设提供了顶层设计和实施路径。2022 年，我国教育部高教司发布了一份名为《无限的可能——世界高等教育数字化发展报告》的重大研究报告，首次提出将我国高等教育的数字化进程分为

---

① 赵建华，蒋银健，姚鹏阁，李百惠．为未来做准备的学习：重塑技术在教育中的角色——美国国家教育技术规划（NETP2016）解读［J］．现代远程教育研究，2016（02）：3-17.

② 潘云鹤．人工智能 2.0 与教育的发展［J］．中国远程教育，2018（05）：5-8+44+79.

转化、转型和智慧三个阶段。据此划分，我国高等教育数字化已基本完成转化阶段，开始迈入转型阶段。

国际组织也对教育数字化给予了高度关注，并在此基础上积极呼吁建立数字时代的教育体系。2015 年，联合国制定了一个关于未来教育发展的 2030 愿景，旨在推动教育的高质量和平等发展，提高所有人受教育的程度。2022 年第三届世界高等教育大会指出，高等教育要实现持久发展，就必须改革重构。2022 年世界慕课与在线课程大会，则立足于“世界教育共同体”的视角，对高等教育数字化的行动举措进行了全面梳理，对今后高等教育信息化的发展趋势进行了分析，并对世界范围内的高等教育信息化发展提出了建议。

（二）国内外高校教育信息化发展现状比较

近几年来，国内外大学在育人、办学、管理和保障四个方面探索了高等数字发展的新路径、新方法和新模式，在实践中不断解决难题，开创了新的局面。

（1）引领更加创新的育人方式

美国大学在数字教育领域的起步较早，已经涌现出了一批具有创新、引领作用的数字教育模式。普渡大学有将近 24000 名学生参加了信号灯（Course signal）计划，超过 145 名教授或老师都在利用这套“数据运算法则”，以便及时反馈、提早干预，发现那些有可能辍学的学生，或识别哪些课程应该增加教师。资料显示，与未采用此制度的学生相比，采用制度的学生的毕业率高出 21.48%。此外，哈佛大学引进 HarvardX 学习系统，它利用数字媒介，支持“翻转课堂”，大约有 1/3 的学生报名参加了这个课程。

中国高校在数字化教育方面的发展具有规模性、组织性、融通性的特征，实践探索主要涉及环境、资源、教师和方法四个方面。华中师范大学目前已建成7大类型100余间云课堂，包含资源平台、云端一体化智慧教室等，实现了开放式和多场景的教研。西安电子科技大学将智能技术与教育深度结合，形成"五双"人才培养机制，即教师、平台"双师"授课，线上、线下"双空间"教学，书院、学院"双院"育人，科教、产教"双融合"联通，学历、电子"双证书"认证，具有精准化、个性化的特点。

（2）实现更加共享的办学模式

美国斯坦福大学计划在2025年成立"开环大学"，年龄将不再是一道槛，强调翻转教学重心，重点是跨领域的课程发展和学院的重组。美国密涅瓦大学也在自己国家以外的地方开办校园，以鼓励学生基于自己的地理位置进行实践学习和研究，并运用他们所学来解决现实的社会问题。英国开放大学以网络教育、开放教育为先导，在英国各地开设了教学中心，全球范围内学生超过200万名，其中75%的学生是在职。

我国大学也做了很多尝试。同济大学以慕课为平台，在全国范围内设置了13个"微型"专业，通过考核的学生被授予该领域的电子学位证书。华中师范大学在推动"教育信息化"的发展上，持续地进行了整合和创新，对教学系统进行了重新建构，并在此基础上，开展了翻转课堂、双师课堂等教学模式的实施。

（3）构建更加智能的管理体制

根据教育部"教育信息化战略研究基地（华中）"调研显示，大部分发达国家的大学为了满足自己的发展需求，都会适时调整自己的信息化管理系统，其中美国、加拿大，已经在全国范围内实现了高校数字化管理系统全覆盖。美国斯坦福大学推出了一项数据管理计划（DMP），该计划旨在建立一个数字存储库（SDR）来实现对数字资源的保存、托管和访问。麻省理工学院设有 Atlas 网络平台，它可以提供自助式的服务，也可以访问管理系统。加拿大多伦多大学已建成了包括 ROS、ACORN 在内的多种数字化管理平台。

中国高校在此方面也做了不少有益的探索。西安电子科技大学将人工智能技术应用到教育中，建设了一个“全感知、全连接、全智能”的数据运营中心，通过数据引擎和数据大脑，建立了一个更加扁平化、更灵活、更开放的治理系统。上海理工大学为推动现代化管理，编制了《“数字上理”12306 智慧校园总体规划》，旨在形成学校教育的新生态。

（4）夯实更加健全的保障机制

美国为保证教育信息化进行了大量投资。一份 2022 年的研究报告指出，美国高校的信息技术开支约为学校总开支的 4.2%。美国本科高校的专职信息技术人员比例为 10/1000—17.3/1000。学校信息部门为每位教职员工支出约 231 美金。

中国各大学在信息化建设上也开始重视资金、人力资源的投资。截至 2021 年末，华中地区“教育部教育信息化战略研究基地”的调查结果表明，头部高校在信息化建设方面的投入与教育总投入的比重为 2.13%；头部高校从事高等教育数字化建设的人员比例为 7%。《中国教育信息化发展报告（2020）》的调查显示，为推动学校教育信息化建设，全国已经有 61.51%的高校制定了教职员工信息技术及能力提升制度，已有44.22%的高校开展了信息化教学工作量评估，已有38.81%的高校在教师考核中考虑到了信息技术的应用能力。

（三）数字化课程与资源建设情况

目前，许多国家已开始实行“线上+线下”的融合式教学，通过高质量的混合教学，探寻高质量的现代教育之路。美国已经设立了三大在线课程平台：edX、Coursera和Udacity。德国自2021年起，启动了国家教育平台NDP的建设，并积极推进新老平台的连接，以构建一个全国范围内的网络信息服务平台。韩国正式启动了“全民在线教育”K-MOOC，旨在将国内一流高校的优质教学资源分享给全国有需要的学习者。

世界各地的慕课平台都在积极尝试着与高校的深度结合，这给现行的高等教育体制带来了新的机遇和挑战。截至2021年12月，《Class Central》全球最佳网络课程排行榜显示，除中国外，全球共有2.2亿学生、950余所大学参与慕课，全网共计提供1.94万门课程。此外，欧洲慕课联盟与美国部分州也在推行微证书的试点、评估与颁发，并对微证书的质量保证机制进行了探讨。

在我国，在线课程的数量与服务都在不断增长。“国家高等教育智慧教育平台”，目前已有2.7万门课程，注册用户超过1300万，并以“平台管平台”的创新模式，实现了对多个教育平台的统一管理。此外，我国教育部在全国范围内建立了600余所大学虚拟教研室，并面向全国教师建立了全国高校教师网络研修平台，为大学教师的专业化发展和提升提供支持。

截至2022年11月，我国慕课平台已开通了超过6万门课程，学员数量近10亿人次，获得慕课学分的人次已达3.52亿人次。2020年，我国建立了高校在线开放课程联盟联席会，同时也大力推进慕课的国际化进程，比如，清华大学利用“学堂在线”“edX”向全世界公开了100多门课程。目前，慕课平台的国际版已开设14个语种、近千门课程，有67万多名外国学生参与其中。此外，提出了“慕课西部行计划”，以帮助中西区缩小区域间的教育差距，推动教育平等。根据相关数据，截至目前，慕课已为中国西部725所大学（占比97.3%）提供近17万门在线课程和服务。

总之，从世界范围来看，信息化已成为高等教育发展的重要助力。中国顺应数字时代的发展潮流，在信息化总体规划上具有前瞻性、主动性、科学性，在信息化改革和实践上也做了很多探索和创新。在教育领域，充分发挥信息技术的功能，我们可以建设一个更公平、更优质、更美好的教育图景，这对于推动人类个人的全面发展以及建设人类命运共同体，具有十分重要的现实意义①。

第三节 大数据的概念

一、大数据概念探源及定义

2008年，国际知名刊物Nature和Science分别设立“Big Data”和

① 王美，随晓筱．新数字鸿沟：信息技术促进教育公平的新挑战［J］．现代远程教育研究，2014（04）：97-103.

“Dealing with Data”两个专题，以探索海量数据之科学内涵。2012 年 3 月美国奥巴马政府提出了 Big Data Research and Development Initiative（大数据研究和发展计划），并将其作为国家发展战略，大数据价值意义也由理论走向现实。这一年被誉为“大数据元年”，新闻媒体的大量宣传也引起了社会对大数据的关注。大数据快速传播，深入每个人的生活。大数据时代已然到来。

大数据的丰富性与复杂性，使得人们对它的概念定义呈现出多维的特点。在麦肯锡（Mckinsey & Company）的研究中，大数据非常庞大，以至于难以用常规的数据库有效处理。信息专家涂子沛相信，整合与分析大数据，可以创造新的知识和价值。中国工程院院士李国杰在对大数据的定义中强调了大数据的海量特性。因此，在对大数据的认识上，存在一些共性和分歧。但专家学者所形成的共识是，数据仍是大数据的基本属性。

二、大数据的特征

大数据的特征可以概括为“4V”，即规模性（Volume）、多样性（Varity）、高速性（Velocity）和价值性（Value）。

1. 规模性

大数据的首要特征是“数量大”。大数据爆发式增长，已达到 TB、PB 级。大数据的规模量，是无法通过人工处理的，它需要强大的计算方法和处理设备。

2. 多样性

大数据的来源很多，因此数据形式也有多种。大体上，大数据可以分为结构化数据、非结构化的数据、半结构化数据三种类型。

3. 高速性

以互联网、云计算等技术为基础的大数据的交换和传播速度远远超过了传统媒介。大数据与海量数据的最大的不同之处在于，它不仅具有庞大的数据量，对数据处理的响应能力也有更高的要求。

4. 价值性

大数据的核心特点是价值性。现实中存在着大量无效或低价值的数据，如何从海量的、不相关的各类数据中，找到能反映现有规律、预测未来发展的有用数据是大数据的关键价值。

三、大数据的三个层面

可以从以下三个层面把握大数据的本质：

（一）一种全新的思维

大数据是一种新兴的数据形态，它在一定意义上改变了人类认识事物的方式。大数据思维与传统思维相比较，是小样本向全样本的转变，是精确性向复杂性的转变，是功能性向价值性的转变，是因果性向相关性的转变，是静态向动态的转变，蕴含着全新的世界观、认知论和方法论，为我们认识和改造世界提供了新的思路和方法，但这也对我们的认知思维方式、媒介、方法等提出了新的要求。

（二）一种数据资源

大数据是一种巨大的数据资源，但其价值不会自动实现，有待人们去挖掘、分析、整合。

（三）数字信息技术的集成

大数据的生成和使用和依赖于信息化、数字化、智能化等技术，具体包括计算机、物联网、互联网、人工智能等等。人们必须掌握数字化信息技术与工具，才能有效处理应用大数据。

四、大数据的应用

（一）商业领域

大数据在商业领域的应用最为广泛。大数据可以帮助企业实现数据驱动的商业决策，包括市场营销、客户关系管理、产品研发等。企业可以通过收集、分析和利用大数据来了解消费者需求、市场趋势和竞争情况，从而制定更加有效的商业战略。

（二）金融领域

金融领域是另一个大数据应用广泛的领域。银行、保险公司等金融机构可以利用大数据来进行风险评估、客户信用评估、投资分析等。

（三）物流领域

大数据在物流中也有很好的应用。通过收集和分析物流数据，企业可以实时掌握货物的位置、运输时间等信息，从而提高物流效率，减少成本。

（四）社交媒体领域

在社交媒体领域，大数据可以帮助企业了解用户的兴趣和行为，从而制定更加精准的广告营销策略。

（五）医疗领域

在医疗领域，大数据可以帮助医疗机构更好地管理患者数据、提高诊断准确率、预测疾病发展趋势等。例如，医疗机构可以利用大数据分析患者的基因组数据，预测患者患病的风险，从而提前采取预防措施。

五、新型大数据系统技术的挑战

当前，国际上对大数据的发展给予了高度的关注，而我国也把大数据技术的开发上升到了国家战略的高度。随着大数据应用需求的不断推进，传统的“以计算为中心”转向“以数据为中心”的新模式，需解决一系列基础理论与关键技术难题。

（一）如何构建数据为中心的计算体系

全球大数据发展迅速，2020 年全球新增数据量达到 64ZB，是 2016 年的 4 倍，2035 年将达到 2140ZB，大数据呈现几何倍数增长。随着数字经济的快速发展以及数字化转型进程的不断推进，越来越多的数据资源以数据元素的形式独立地出现，并融入整个数字经济活动中。因此如何有效地组织和管理这些数据元素，建立面向新的应用环境的数据中心计算系统，是当前迫切需要解决的问题。比如，数据跨域访问问题、数据规模增大引起的可用性下降的问题、维护大规模数据需要的成本问题等等。

（二）如何满足大数据高效处理的需求

随着数据规模的急剧增加，数据的动态倾斜、稀疏关联和复杂的应用，使得传统的大数据处理方法在处理过程中存在着高成本和低时效性的问题。

（三）如何实现多源异构大数据的可解释性分析

随着数据规模的急剧膨胀和各种应用的拓展、深化，主流的深度学习方法由于只针对单一来源、单一模式的数据，以及存在对模型的解释能力不足的问题，已经不能满足实际应用的需要。如何突破多源异质带来的壁垒，将多域乃至全域数据中所包含的知识进行有效的融合，使分析结果可解释、易使用，成为大数据研究中亟待解决的核心问题。

（四）如何形成系统化大数据治理框架与关键技术

大数据在汇聚与融合、质量保证、开放流通、标准化和系统建设方面有重要需求，然而目前的大数据治理体系尚未形成，在开放共享、质量评估、价值预测等方面都存在诸多不足。

六、大数据技术未来发展趋势

（一）数据与应用进一步分离，实现数据要素化

从一开始，数据就与特定的应用程序相关联。数据库技术的兴起，首次将数据与应用分开。数据被存储在数据库中，而不是依赖于某个具体的应用。对数据要素化的需求促使将数据从特定的业务场景中脱离出来，作为一个独立的形态存储在数据库中，并通过数据服务为各种业务场景提供服务。举例来说，一个人口数据库，它可以为所有与人口数据相关的业务场景提供服务。

（二）数联网作为数字化时代的新型信息基础设施

主要内容有：基于复杂网络、复杂系统等复杂性理论，研究数联网软件的结构组成、行为规律及外部属性；基于数联网软件的数据传存算一体化需求，研究数据互操作技术、软件运行机理、体系结构及关键机制；基于数联网软件跨层级、跨地域、跨系统需求，研究可靠性及安全性的保障原理、机制与方法。

（三）从单域到跨域数据管理，促进数据要素的共享与协同

数据为中心计算的核心目的在于最大限度地发挥数据的价值，其关键在于突破现有“数据孤岛”，使其能够有效地进行数据共享和协作。传统的数据管理仅限于单个企业、业务、数据中心等，未来的大数据管理将由单一领域向跨空间域、跨管辖域、跨信任域发展。但是，跨空间域可能导致网络的高时延和不稳定；跨管辖域可能会出现数据和应用的异构性，极大地增加数据管理的复杂性；跨信任域则需要对各类错误兼容。但无论怎样，这种跨领域的改变给大数据技术的发展带来了新的机遇与挑战。

（四）大数据管理与处理系统体系结构异构化日趋明显

随着体系结构创新步入“黄金十年”，新型加速器（如 GPU、TPU、APU 等）不断涌现，存储设备迅速发展，高速固态硬盘、新型非易失内存、新型计算网络等已成为大数据处理领域的核心设备，计算与存储一体化的趋势日益突出。为了最大限度地利用数据管理能力，大数据管理系统在存储、网络、计算等方面的性能上进行了最大化开发。在处理方面，通过配置不同的运算与存储硬件来满足不同的数据处理需

求是目前大数据处理系统的主流体系结构。

（五）扩展性优先设计到性能优先设计

数据管理与处理的成本是大数据管理与处理系统的一个重点指标。随着数据量的迅速增加，对大数据的处理需求也在不断地向深层的价值挖掘转变，传统的“以扩展性优先”的大数据处理系统设计将会被“以性能优先”的系统设计所取代。近年来，以 Spark、Flink 等为代表的大数据处理平台的兴起，以及图计算（图加速器、图计算框架等）、深度学习框架（Tensorflow、PyTorch 等）的涌现，都是该体系设计思想在技术生态上的具体体现。新的数据管理与处理方法，如数据管理、近似计算等，已成为性能优先的重要技术。

（六）近数处理成为突破大数据处理系统性能瓶颈的重要途径

存算一体类体系结构技术迅速发展，新型固态硬盘等新型存储设备不断丰富，边缘计算能力快速提升，上述三种体系结构技术的发展为大数据的近数化处理带来了机遇。近数处理体现在“存储上移”（如在 GPU、FPGA 等计算设备上集成 HBM）、“算力下沉”（如在 DRAM 内存或者 SSD 存储设备上集成处理能力）、“分布扩展”（如在云、边、端分布式处理数据，降低数据处理中心压力）。

（七）从单域单模态分析到多域多模态融合，实现广谱关联计算

传统的大数据分析方法通常只针对一种源、一种模式的数据，然而在实际应用中，往往需要对多源、多模态（如文本、图像、音视频等）的数据进行联合分析，以达到信息的互补。另外，许多领域的大数据通常都带有显著的时空特征，而目前的研究对这些信息的有效利用还不

够。因此，研究跨模态、跨时空的广谱关联技术是大数据分析处理的重要方向。

(八) 从聚焦关联到探究因果，实现分析结果可解释

如何提高大数据分析的稳定性和可解释性，使其所得到的分析结果更可信、更可用、更可回溯性，成为大数据分析所面临的一个重大挑战。尽管现有的因果推断和解释性方法已经有了一些发展，但是整体上还处在初级阶段，离实际应用还很远。因此，关联关系、因果关系也是大数据实现更广泛应用必须攻克的研究方向。

(九) 高能效大数据技术是可持续发展的关键

全球大数据持续快速发展，特别是在“碳达峰”和“碳中和”的背景下，大数据技术栈面临着低碳、高效和可持续发展的严峻挑战。比如，以资源共享、节能高效为特征的云数据管理系统，将成为未来大数据管理的主流模式。以云数据管理系统为基础，实现全国数据统一调度和流通的低碳高效模式是今后大数据管理模式的重要发展趋势。

(十) 大数据标准规范和以开源社区为核心的软硬件生态系统将成为发展的重点

随着大数据在各领域的广泛应用，对标准化的要求也越来越高，关于大数据流动融合、质量评估，及与行业、领域紧密结合的大数据标准是重要的发展方向。随着大数据软、硬件生态的构建，开源社区的竞争将成为世界各国在技术、产品和市场等方面展开的一场激烈的角逐。

第四节　三全育人的概念

一、"三全育人"概念的提出与发展

（一）"三全育人"概念的提出

2003年教育部教社政厅〔2003〕2号文件第一次完整提出"形成全员、全方位、全过程育人的合力"。2005年胡锦涛同志在全国加强和改进大学生思想政治教育工作会议的讲话中重点提到要形成"三全育人"工作机制，标志着"三全育人"理念正式创设。

（二）"三全育人"概念的发展

2013年9月4日，《中共教育部党组关于在教育系统深入学习贯彻全国宣传思想工作会议精神的通知》中把"三全育人"作为推进教育系统宣传思想工作的重要任务。2016年，全国高校思想政治工作会议上习近平总书记强调要把"三全育人"理念贯穿于高校思想政治工作中。2017年2月27日，中共中央再次印发文件强调"三全育人"的重要地位，并先后提出了"七大育人体系""十大育人体系"。2018年"三全育人"综合改革试点具体建设标准和基本措施均得以明确，"三全育人"理念体系基本成型，开始进入试验阶段。2018年、2019年，第一批、第二批"三全育人"综合改革试点单位先后公布。2020年

"三全育人"工作从宏观布局开始转向精细发展①。

二、"三全育人"的主要内容

(一) 全员育人

"全员育人"就是让所有的教育主体都积极地参与进来，这就意味着学校所有教师、管理人员、后勤保障人员、学生干部、辅导员、家庭、社会等都应该在教育过程中起到作用。这是"三全育人"模式的根本理念。

全员育人具有以下几个主要特点和作用：

1. 凝聚育人工作合力：全员育人鼓励广大教职员工积极参与教育教学工作，使他们承担更多的责任和角色。每个人都可以成为育人的参与者，并发挥自己的专业特长和优势，从而更好地实现学生成长成才的目标。全员育人还将家庭、社会纳入育人的范畴之内，凸出学校、家庭、社会的协同，实现教育成效的最大化②。

2. 拓展教育空间内容：全员育人在内容上不仅仅局限于课程中教授的知识，还包括了日常生活中的点滴教育、行为规范引导等方方面面。在空间上，也实现了教育从课堂到课下、从校内到校外的延伸。

3. 提供全方位、立体化的服务：全员育人可以通过多样化的方式和手段，为学生提供全方位、立体化的服务。无论是在教学过程中还是在日常生活中，学校中的每一位教职员工都能够参与其中，根据学生的

---

① 梁伟，马俊，梅旭成．"高校'三全育人'理念的内涵与实践"［J］.《学校党建与思想教育》，2020（04）.

② 张睿．"协同论视域下高校'三全育人'实施的机理与路径"［J］.《思想理论教育》，2020（01）.

不同需求和发展阶段，提供相应的支持和帮助。

4. 促进学生全面发展：全员育人旨在培养学生的全面素质，包括知识、技能、思想价值观等方面。每位教职员工都可以从自己的专业领域出发，通过教学、辅导、管理等多种方式，帮助学生全面成长，健全发展①。

5. 构建良好育人氛围：全员育人模式能在学校中形成更加良好的教育环境。所有教职员工都参与其中，共同致力于学生成长成才的目标，形成一种积极向上、互相支持、共同进步的工作氛围。

（二）全过程育人

“全过程”强调育人过程的连续性。“全过程”包括学校办校治学的全过程、教育者教书育人的全过程、学生成长成才的全过程，这三大过程统一于育人过程，都强调在每个环节和阶段，进行育人思想的持续贯穿和育人活动的持续融入。

（三）全方位育人

“全方位育人”强调育人活动各方兼顾，处处育人，在育人资源上教师要利用课程、科研、实践、文化、网络、心理、管理、服务、资助、组织等各方面资源，在育人场域上要实现校内校外、课内课外、线下线上各场域共进，以此来营造育人工作的浓厚氛围。

总之，“三全育人”理念强调每个主体、每个方面、每个环节都有自己的教育职责，以培养人为出发点，以“育”为核心，以“全”为重心。构建“三全育人”模式，一是在教育主体上从“单”转向

---

① 张文强．“新时代构建高校思想政治教育协同机制研究”［J］．《国家教育行政学院学报》，2019（12）．

"全"，实现所有教育相关角色的同心同行。要协同专业课教师、思政课教师、辅导员（班主任）、后勤管理人员等多种角色的育人合力，做到"教""管""服"与"育"有机结合。要充分调动协同家庭、政府、科研基地、实习基地等育人主体的作用，推进学校、社会、家庭一体化育人。二是在育人过程上从"分"转向"合"，实现全过程持续培育。教育工作是一个系统性过程，应变"条块分割"为"协同配合"，把育人工作贯穿于从入学到毕业每个阶段。三是在育人空间上从"点"转向"体"，实现教育空间全方位延伸。育人工作要覆盖所有学生及学生所有方面，从"点"到"线"，到"面"，到"体"，整合所有教育资源，促进学生专业、人格、社交等全面发展。

第五节 三全育人信息化建设的概念

高校三全育人信息化建设，即为促进高校教育工作的全员化、全过程化、全方位化在信息化软硬件及配套制度、人员等方面的建设。三全育人信息化建设其背景为信息化的大发展，其指导思想为习近平新时代中国特色社会主义思想，其目的是借助信息技术，形成多主体参与、多层次协同、全方位覆盖的育人格局，以更好地服务于学生的全面发展。三全育人信息化建设是新时代加强和改进育人工作的重要举措，也是高校贯彻落实党的教育方针和党中央重大决策部署的有力支撑。

一、目标导向

根据三全育人信息化建设的目标导向，在系统推进过程中，要始终坚持“一盘棋”思想，切实发挥学校党委领导作用，把三全育人作为一项系统工程，统筹推进“五大体系”建设，坚持系统观念，把信息技术作为提升学校教育现代化水平的重要抓手和促进学生成长成才的有力工具，推动信息技术与三全育人工作深度融合，形成全员、全过程、全方位育人格局。

信息技术在三全育人中的应用不仅是一种工具，更是一种推动力。高校因建设先进的信息基础设施和环境，充分利用信息技术的优势与特点，积极探索创新的育人模式和手段，通过数字化平台和在线资源的建设，打破时间和空间的限制，更好地实现学生个性化、差异化的育人目标。比如，数字化教育平台为学生提供多样化的学习资源和多元化的互动方式，方便学生自主学习，也提升学生学习的热情。同时，通过信息技术的支持，及时了解并满足学生在思想、情感、能力等方面的发展需求，促进其健康成长。

二、实施原则

按照“坚持标准引领，统筹推进建设，创新应用模式”的原则，以相关技术规范为指导，推动互联网、信息技术与教育教学管理深度融合，打造融思想政治教育、专业教学、日常管理、就业指导、素质拓展、危机应对为一体的育人平台系统。

（一）坚持标准引领

以《高等学校网络教育工作基本规范》和《高等学校信息化工作基本标准》为指导，明确网络育人平台的发展方向和目标，使其能够更好地服务于学生思想政治教育、学习管理、就业服务以及素质拓展等方面的需要。

（二）统筹平台建设

整合校内外优质资源，打造全方位、一体化育人平台，为学生提供丰富的教育资源和多样化的获取方式①。同时，加强对平台系统的运行维护，确保其稳定、安全，为用户提供良好体验。

（三）创新应用模式

借助互联网+，通过网络课程、虚拟实验室、互动平台等多种创新方式，满足学生知识学习、人格养成、社交互动等多样化需求，提高学生应用交互的积极性。同时，结合社交媒体、智能设备等新技术，促进师生之间的交流互动，拓展学生的社交圈和团队合作能力。尤其要将思想政治教育、日常管理、就业服务、素质拓展、危机应对等方面有机融合于网络育人平台中，加强指导服务，实现学生全面发展和健康成长②。

---

① 高歌，赵丽娜．“构建‘三全育人’新平台的实践探索”［J］．《学校党建与思想教育》，2019（20）．

② 江鸿波．“论‘三圈三全十育人’的时空意蕴”［J］．《思想理论教育》，2019（10）．

三、主要模式

目前，我国高校三全育人信息化建设主要包括自主建设、合作共建、跨校合作三种模式，在此基础上实现的信息系统和数据资源融合共享、互联互通是其显著特点。

（一）自主建设模式

高校通过自己的力量和资源进行信息化建设。这种模式主要是利用高校自有的信息平台、互联网、物联网、大数据等技术，通过软硬件设备建设，实现信息系统和数据的集成与共享。高校会根据自身需求和特点，在建设过程中选择适合自己的技术和平台，以满足学生的综合发展需求①。

（二）合作共建模式

高校通过与企业、科研院所等单位协作建立信息系统。这种模式可以通过与行业领先企业合作，共同打造信息化平台，利用企业的先进技术和资源来支持高校的三全育人工作②。例如，北京邮电大学与微软公司合作建设了“北邮—微软云”平台，南京航空航天大学与华为公司共建的“北航—华为云”等。通过与企业的合作，高校可以充分利用来自企业的技术支持和创新能力，提升信息化建设水平。

（三）跨校合作模式

高校之间进行合作，共同建设信息系统。高校之间可以共享教育教

① 王亚非．“新时代高校全员全过程全方位育人格局形成的基本遵循”［J］．《国家教育行政学院学报》，2019（04）．

② 成永军．“探索有效模式构建‘大思政’工作格局”［J］．《中国高等教育》，2019（05）．

学资源、学生管理系统和就业服务平台等，从而提升整体的育人水平和质量。通过跨校合作，高校可以借鉴和分享其他高校的成功经验，加强协作与交流，共同推进三全育人信息化建设的发展。

第二章

三全育人信息化建设的理论基础

第一节　马克思主义合力思想

一、马克思主义合力思想

马克思主义合力思想是马克思和恩格斯在不同时期，从不同角度关于合力问题的理论，是马克思主义理论的一个重要内容。

（一）马克思的合力思想

1. 生产合力实质上是集体力

马克思说："单个工人的力量的机械总和，与许多人同时共同完成同一不可分割的操作（抬重物等）时所发挥的机械力在质上是不同的。协作直接创造了一种生产力，这种生产力实质上是集体力。"这说明马克思把集体力看作为生产的合力。

2. 生产合力源自于协作

“许多人在同一生产过程中或在不同的但互相联系的生产过程中，有计划地一起协同劳动，这种劳动形式叫做协作。”这里，马克思指出了协作的本质特性，即人与人之间有目的、有计划的合作。协作的关键是有一致的认识、共同的目标、科学的组织和优良的方案。

（二）恩格斯的合力思想

恩格斯对马克思合力思想进行了发展。他对合力的内容构成、运动规律、实现机制及价值诉求等方面进行了论述。他在论述“许多按不同方向活动的愿望及其对外部世界的各种各样作用的合力，就是历史”中第一次提出“合力”，提出人类社会发展史即是人类合力对客观世界进行主观改造的历史。

二、马克思主义合力思想对高校育人工作的借鉴

马克思主义合力思想是协同育人理念的理论基础之一。高校教育工作涉及人、物、技术、环境、空间、信息等多个方面，是一个系统性工程。为此，要注重发掘和协同育人合力，充分调动育人资源，特别是要深入了解工作主体、对象、介体、环体等要素间的联系和作用规律，对高校育人工作系统进行要素整合乃至结构重组，使各个部分要素与力量在互动融合发展中形成整体效应、联动效应。

第二节　马克思主义人学理论

一、马克思主义人学理论

马克思主义人学理论是马克思从现实的人出发，摒弃了人的异化状态，提供了一种全新的解说人、了解人、观察人的思维方式。它不再以神为中心，而强调以人为中心，研究关于人的发展，对于人的相关学说进行了全新的理论构建。

马克思主义人学理论的内涵可概括为以下几个方面：

（一）人的本质

第一，劳动、自由自觉的活动是人的本质。马克思认为有别于动物出于本能的重复机械劳动，人的劳动是人在社会实践活动中表现出人的积极性、创造性的有意识的活动。所以可以说，正是在劳动的过程中才创造了人和人类社会，劳动是一切社会财富和精神财富创造的源泉，是社会历史发展的助推器。

第二，一切社会关系的总和是人的本质。马克思站在全局高度，突破了费尔巴哈关于“人”的历史限制，把人的本质上升为社会关系的总和。马克思相信，人始终处在一定的社会关系之中，政治、经济、法律等社会关系是生产关系的具体表征，无论哪种社会关系都从一定程度和层面上表现着人的本质，所有的社会实践活动都会受到社会关系的约束，人也在社会实践活动中不断影响着社会关系。

第三，人的需要是人的本质。马克思认为人的需要才是人的内在本质，是人类所有活动发生的原因和先决条件，正是因为人不能独立而存在，并受到一定社会关系的制约和影响，人和人类每一次的社会发展与进步和人满足自身需要有着密不可分的关系。人的需要是一切社会历史发展的前提和基础。人类总是处在特定的历史进程中，因而既是历史的创造者，也必然地受到历史的影响。因此，人的本质既具有发展性，也具有历史性，也正因为这样的特性，人类社会才能持续地发展下去，而人的本质也在社会的不断发展与延续过程中得到确认。

（二）人的地位

探讨人的地位问题，是一件很有意义的事情。人是历史的创造者和拥有者，历史是因为人类根据自身的需要去实践、创造，而产生的。这说明，人是历史的主体，没有人，没有人的实践，就没有历史，没有发展。这里所说的“人”指大多数的人，而非少数的社会高阶层的人。虽然有些时候某些人会影响历史的走向，但是从更高的历史角度，从更长的时间尺度上去审视，真正决定人类历史走向的，却是大多数人。当代中国充分认可人民群众的历史地位，认为人民群众是历史的真正拥有者，历史发展应以人为本，充分考虑并符合人民的期待和愿望。

（三）人的价值

人的价值包括人的自我价值和社会价值。由于人的实践活动的相互关联性，所以人的价值也呈现一定的社会关系性。在价值不断交织、联系的过程中，人既是受益者，同时也是付出者，只有通过社会实践的付出，人的价值才能得以体现，人生存和发展的需求才能得以满足。人的价值与其说是获得，不如说是贡献，只有通过社会实践，也就是对其所处的社会作出贡献，才能实现自己的价值，然后才能满足自身的生存和发展需要。而且往往越是现代化的社会，人的价值越能体现社会性，因为分工更加精细。因此，无论是自我价值还是社会价值，在其实现的过程中必然会与他人或者社会产生直接或间接的联系。

（四）人的发展

马克思主义人学理论认为，人的发展是人类社会发展的根本动力，人的全面自由发展是人类社会发展最高目标。马克思主义认为，真正的自由是人完全可以按照自己的想法和愿望来发展，使人的本质得到全面的充实和展现。纵观人类的整个历史进程，人类从来没有实现过全面和自由的发展，人们总是在特定的社会关系和生存需求的约束下被迫从事着实践活动，当然价值也没有得到全面实现，只是部分实现罢了。

当人们的自由意志被限制时，他们的创造性和能动性也被局限，他们的自我价值和社会价值也部分被忽略。此时，为了生存需要得到满足，人们舍弃部分自由意志，产生了某些与自己的需求不相匹配的社会价值。

当人类社会发展到一定程度后，生存需求对于人的约束会变小，人们也会相应地按照自己的意愿来开展社会实践，创造真正属于自己的自我价值和社会价值。这样的情况下，人会更好地参与到社会实践中。社会实践也才能更好地促进人的自由和全面发展，让人有更多的机会发挥自己的潜能。

人的自由全面发展中最为根本的就是人的自由个性的全面实现，即个性和能力在社会交往活动中不再受到异化的限制与压迫，而是得到完全的展示，并进而促进人的自由个性的实现与创造能力的不断提升。

二、马克思主义人学理论对高校育人工作的借鉴

高校的教育教学活动是一个人步入社会前所受的最后一个社会化教育阶段。20 世纪后半叶，我国教育领域开始倡导人的全面发展理念，我国高校教育教学的价值目标也更加清晰地指向了人的自由而全面的发展。

高校要以全面培养和发展人的各种潜能为实践目标，使学生天赋潜能在教育教学活动中得到充分的发挥与展示。

高校要以培养和塑造人的自由精神为价值导向，尊重学生身心发展客观规律，为受教育者解决内在和外在约束提供帮助，唤醒学生自由意识，引导学生做自己身心的主人，自觉地在实践活动中认知自我、提升自我，实现自己全面、自由、充分的发展。

第三节 协同学理论

一、协同学理论

协同学理论（Synergetics）最早由德国物理学家赫尔曼·哈肯（HermannHaken）提出，是一门探索系统内部多个子系统和要素间相互

影响的科学。

协同理论主要包括三个方面的内容：

（一）协同效应

协同效应是指在一个复杂开放的系统中，由多个子系统相互作用而形成的综合效应。当一个系统被外力影响或物质的聚集态达到某个特定的水平时，就会使各子系统产生协同作用。这种协同使系统从无序走向有序、从混沌走向稳定。协同效应解释了“系统自组织”这一概念。

（二）伺服原理

协同论伺服原理简言之，就是将系统的任务分解为若干个子任务，由各个伺服机构来完成。各个伺服机构通过协同工作，实现对系统的精确、稳定控制。这种分布式的控制结构也提高了系统的可靠性及可扩充性。

（三）自组织原理

自组织原理的观点是，当外部能量流、信息流和物质流进入系统后，系统内部会发生自发的协同作用，在时间、空间或功能上形成新的有序结构。

协同论所揭示的一般规律，对理解生命起源、生物演化、人体机能乃至经济社会等，都具有十分重要的意义。由于协同学的普适作用，其从诞生以后就不断进化，理论内涵得到了不断深化丰富，优势越来越凸显，应用也从自然科学领域逐渐扩展到社会科学领域。

二、协同学理论对高校育人工作的借鉴

协同学理论强调通过系统内部各要素之间的协调、合作、沟通以及系统内部和外部的资源集成，形成衔接有序、交互协调、协同发力、目标一致的运行系统，产生系统的叠加效应，达到效果最优。从宏观的角度来看，高校的育人体系也是一个基于多部门、多要素、多学科、多主体的协同与互动构成的系统集合，如果仅靠高校一方必然难以实现教育效果最优化。因此，高校要通过多支点、多动力、多方位的组织行为来充分调动高校、家庭、企业、政府、科研机构等各方主体的力量，使其形成协作关系，共同为大学生的素质拓展和全面发展助力赋能①。当然，在协作中，高校要确立自身在育人体系中的"调度站"主体地位，以全局的高度、系统的思维来审视育人工作的全主体、全过程、全方位，寻找教育体系中各要素、环节、阶段的协同机理和相互作用的规律，摸清影响要素作用发挥的控制性因素，进而采取有效措施促使各个子系统良性有序互动、紧密联系配合，避免出现各育人主体"各自为政"和各环节分割分离，最终使整个教育系统在资源上更加整合、结构上更加精简、功能上更加匹配，不断激活教育发展动能，切实提高高校育人效能。

① 朱平．"高校'三全育人'体系协同与长效机制的建构——以全员育人为中心的考察"［J］．《思想理论教育》，2019（02）．

第四节 教育传播理论

一、教育传播理论

（一）教育传播理论的定义

教育传播理论是从传播的角度探讨教育的特点、目标、受众和效果等问题，旨在促进教育信息的传播和接受，提高教育的影响力和效果。教育传播理论的出现是对传统教育模式的反思和创新，它强调教育不仅仅是知识的传授，更是一种信息的传递和交流过程。

（二）教育传播过程

教育传播的过程包括信息的选择、处理、传播、接收等环节。首先，教育传播者需要选择合适的教育信息，根据受众的需求和背景制定传播策略。其次，教育传播者需要将教育信息处理成易于理解和接受的形式，使用合适的语言、图像和多媒体等手段增强信息的吸引力和可信度。然后，教育传播者通过各种传播渠道将教育信息传达给目标受众，包括面对面的教学、教材的制作和传播、电视和互联网等媒体的应用。最后，目标受众接收并理解教育信息，并在实践中应用和反馈。

（三）教育传播媒介

教育传播媒介是教育信息传播的载体。传统媒介包括书籍、杂志、报纸和广播等，它们在教育信息传播中具有较长的历史和广泛的影响力。随着信息技术的发展，新媒体如互联网、社交媒体和移动应用等也逐渐成为教育传播的重要媒介。新媒体的兴起使得教育信息的传播更方便、更快捷，同时也为学生提供了交互及个性化的学习途径。

（四）教育传播的评价和挑战

对教育传播进行评价，是衡量教育信息传递与交流成效的一种重要方法。评价可以从多个角度和层面进行，包括教育信息的准确性、传播覆盖率、受众反馈和学习效果等。评价结果可以为教育传播者提供改进和创新的方向，提高教育的质量和影响力。必须正视的是，教育传播目前存在信息超载、失真和传播渠道失衡等诸多问题。如何有效应对这些挑战，提高教育传播的效果和影响力，是教育传播研究和实践的重要课题。

（五）教育传播的理论模型

对教育传播理论的研究，目前有以下几种模型。这些模型提供了不同的视角和方法来理解教育传播，以及如何更有效地进行教育传播。

1. 传播者-受众模型

传播者-受众模型是教育传播中最基本的理论模型之一。该模型认为教育信息通过传播者到受众的链式传递，传播者负责选择、制作和传递教育信息，而受众负责接收和理解教育信息。该模型假定传播者和受众是单向的线性传播关系。然而，现实中的教育传播往往更为复杂，涉及多个传播者和多个受众之间的互动和反馈。

2. 媒介效应模型

媒介效应模型是探讨媒介对教育传播影响的理论模型。该模型认为媒介是信息传播的重要渠道，不同的媒介对教育信息的传播和接受会产生不同的影响。例如，电视和互联网等新媒体具有更高的媒介效应，可以更广泛地传播教育信息，而传统媒体如书籍和报纸则可能对受众的影响有限。该模型强调了媒介对教育传播的影响力。

3. 社会认知理论模型

社会认知理论模型是一种关注受众在教育传播中的认知和学习过程的理论模型。该模型把教育传播看作是一种知识的建构和阐释，而不只是一种信息的传输。受众在接收和理解教育信息的过程中，会受到社会和文化因素的影响，他们会根据自身的背景和经验对教育信息进行解读和理解。该模型强调了受众在教育传播中的参与积极性。

4. 反馈和互动模型

反馈和互动模型是一种强调教育传播中受众参与和反馈的理论模型。该模型认为受众不仅仅是被动地接收和理解教育信息，他们还可以通过反馈和互动来参与教育传播的过程。例如，在面对面的课堂上，学生可以通过问答来和老师进行互动。新媒体也提供了更多的互动和参与机会，例如在线学习平台可以让学生提交作业和与教师和其他学生进行讨论。该模型强调了受众的主观能动性与互动性。

（六）教育传播的挑战与前景

教育传播面临着一些挑战和困难，但同时也有很大的发展前景和潜力。

1. 信息过载和失真

在信息化的今天，我们所面对的信息量是如此之大，这对教育传播提出了更高的要求。受众在面对大量信息时可能感到困惑，很难筛选和理解信息。此外，在教育传播过程中信息的失真和歪曲也是一个问题，例如传播者可能有意或无意地篡改和扭曲教育信息，影响受众对信息的理解和信任。

2. 传播渠道的不平衡

传统的教育传播渠道和资源在不同地区和群体之间存在不平衡的现象。一些地区和群体可能由于经济、技术或文化条件的限制而无法获得有效的教育传播资源。这导致了教育机会的不平等和信息鸿沟的存在，需要采取措施来解决这个问题，如通过提供更多的公共教育资源和推广互联网技术等。

3. 个性化和多样性需求

不同的受众群体具有不同的文化背景、学习风格和需求，他们对教育信息的接受和需求也有所差异。这就要去教育传播更多地关注个性、差异，为不同类型的受众提供多元化的教育内容和教育形式。

二、教育传播理论对高校育人工作的借鉴

中国学界在20世纪八九十年代试图构建传播学体系。其中邵培仁教授提出“要批判地继承和发扬古代思想家珍贵的传播学思想和本民族的学术传统，让传播学根植于中国学术土壤，消融于中国的学术氛围”。

大数据时代背景下，高校要深入研究教育传播的概念和过程，结合学生需求及自身发展，探索有效的传播策略和媒介应用，评估传播效果和反馈机制，使教育教学输出既上接“天气”，有理论高度，又下接“地气”，有实践力度和人文情怀，实现教育质量和效果的不断提升。

第三章

三全育人信息化建设的基本内涵

第一节　三全育人信息化建设的目标

一、落实立德树人根本任务

高校的根本任务是立德树人。立德树人是中国特色社会主义教育思想的精髓所在，也是推进教育现代化的根本遵循。这一理念具有鲜明的时代特征，是复兴中华语境下中国教育发展的基本要求，是办好人民满意教育的基本要求，是教育事业的基本使命。

高校立德树人的目标是处于青年时期的大学生，他们的政治认同、国家意识、价值观念尚不稳固，自我控制和鉴别能力普遍比较差，极易受到不良信息的误导。在当今飞速发展的大数据时代，海量的互联网数据快速更新、混乱交织，各种复杂多变的网络思想相互碰撞，加速了大学生思想态度的变化，也撼动着大学生的理想信念和价值观念，导致不少大学生存在心理焦虑、认知模糊等问题。为此，高校必须坚持立德树人总目标，把大数据的理念和技术融合到“育德”与“育才”工作的各个环节，培养学生成为德才兼备的新时代建设者。

二、促进大学生的全面发展

在教育中，一般意义上的人的全面发展，是把人的素质分解为德、智、体、美、劳5个方面，使受教育者在这些方面都得到充分发展。大数据时代为大学生各方面的发展提升提供了更多的资源保障和技术保障。高校应发挥大数据技术信息覆盖广、处理初度快、互联共通、即时交流等优势，营造无时不有、无处不在的育人环境，在大学生品德、智力、体力、兴趣、心理、人际交往等各方面创新服务，提供支持，促进大学生的全面发展。随着大数据技术的发展，高校尤其要通过数据整合、挖掘，建立学生全维画像，把握学生全方位的特点、特长和短项，使学生短板得以提升，潜能得以拓展，思想、心理、情感、行为等各层面发生积极变化，最终成长为德智体美劳全面发展的人才。

三、构建个性化育人新模式

个性化育人就是针对每个人的不同特点和需要，有针对性地设计适合他们的教育方案。传统的教育模式往往忽视了学生的特点和差异，以统一的教育教学内容和方法为基础。而个性化育人则强调教育的个体化，注重培养学生的个性特长和兴趣爱好，使每个学生都能得到最大程度的发展。可以说，个性化育人模式与传统教育模式相比，针对性更强，目标追求更高，既满足大学生追求自我发展的需要，也符合社会对人才培养多元化的要求。大数据技术为高校实施个性化育人模式创造了更多的机会条件。利用大数据海量、多样、速度快的特点，高校可实时收集、追踪和监控每位大学生的学习、生活、工作、科研、消费、娱乐、社交、上网等多个维度的行为数据，并对其进行标准化的存储、处理与分析，再与其他评估数据如他评、自评等结合，动态构建学生的用户画像及可视化模型，促使教师以其为参考“因材施教”“按需供给”，针对不同大学生个体的能力素养、进度水平、个人风格、知识类别需求，采取相适应的教育教学进度，在“过程个性化”的实施中促进每名学生知识获取、科学研究、实践活动、文体特长等潜能的发掘发展。与此同时，根据大数据反映的大学生智能、品德、心理、思想等方面的变化，还可以对学生的学习效果进行及时的反馈，找出影响教育教学效果的原因，从而促使教育者不断地改进教学方案，达到“效果的个性化”。由此依托大数据构建从内容到形式、从过程到成效的个性化育人运行模式，实现为每一种花“守候花期”“守护成长”的教育使命。

四、提升育人资源共享效能

长期以来，我国教育资源存在东西部分布不均、城乡教育资源配置悬殊的问题，极大地影响着教育公平和社会两极分化。大数据、人工智能、云计算等前沿科技为实现高质量的教育资源共享提供了强大的技术保证与支持，可有效缓解教育资源分布不均衡的问题，促进教育者及受教育者加强知识扩充及交流协作，疫情时代的线上教学就是最好的证明。为了最大程度上促进教育均衡发展和优质教育资源的有效共享，高校应更新观念，主动作为，多措并举，借助政策、资金等杠杆的调节作用，充分挖掘“互联网+教育”的潜力和潜能，组织力量开发优质教育资源，建设资源汇集共享中心平台，进而通过高速汇聚和跨空间传输优质教育资源，实现在线教育课程等优质教育资源实时共享、互联互通，让更多的地区、更广的受教育者能够分享国家教育发展与改革的红利。尤其是中西部地区可利用平台资源实施“双师课堂”，将优秀教师资源、优秀教学资源的共享达到最大化。在教育资源的共享中如何建立教育资源的良性生态、如何增强教育教学信息的时效性、如何增加用户应用共享教育资源的粘性也是高校必须考量的重要问题和共享效能达到最大化的关键指标。此外，借助信息技术，共享学生成长，高校也大有可为。比如，建立学生成长记录系统，赋予学生、教师、家长、实习带教老师等各育人主体登录权限，共享学生学习、生活信息流数据，就学生学习、生活、思想等各方面问题危机定期开展研判“会诊”，使各主体在学生成长成才关键环节形成育人合力，也使学生自我教育与他人教育相辅相成。

五、推动国家教育事业发展

在新的形势下，作为人才培养工作的最后一道关口和关键关口，高校应当如何在教育上取得新的突破、打开新的局面，这是一个必须正视的问题。大数据技术为高校信息化建设及育人新局面的开创创造了条件。具体表现为：一是全面发展素质教育。当前，有些大学还存在着重理论、重考试，轻实践和应用，对信息技术手段利用不足，对学生综合素质的发展思想上不重视、方法手段不多等现象。把大数据与高校育人工作结合起来，可以使教育者树立大数据思维，以“学生素质教育”

为中心，自觉地进行工作思路的创新，改进管理服务，集聚教育资源，开发针对性的课程，提高决策的效用，全面提升学生的综合素质。第二，完善人才培养体系。大数据的兴起进一步拓宽了知识传授的渠道，从“三尺讲台”到“万维空间”，信息网络对每个人的学习、生活和成长都产生着巨大的影响，如何趋利避害，促进线上、线下双轨有效衔接，互动互益，非常现实地摆在每一个教育主体的面前。高校作为人才培养的关键场域，理应因势而变，因时而新，依托互联网络平台、大数据门户的连通机制，在课程、科研、实践、文化、网络、心理、管理、服务、资助、组织等方面形成一个全方位、多环节、链条式的育人网络和人才培养体系，使人才培养的效率更高、质量更好①。第三，提升教育现代化水平。大数据的助力可以使高校实现教育管理方式的创新，由传统的教育方式向智慧的教育方式转变，从而促进教育信息化实践的进一步发展及教育现代化。第四，提升教育国际地位。当前，高等教育呈现出开放发展的趋势，高等教育的课堂已从校内扩展到国内、国外。我国高等教育急需统筹“引进来”与“走出去”，搭乘“信息技术”快车，与国际教育接轨，弘扬中国教育的特色，深化中外教育的交流与合作，建设我国为世界一流教育中心，在教育全球治理中展现中国力量。

---

① 张光正．构建高校思想政治工作“十大”育人体系的有效路径［J］．高校辅导员学刊，2018（08）．

第二节 三全育人信息化建设的原则

一、坚持社会主义方向

我国大学的根本任务是立德树人，培养中国特色社会主义建设者和接班人。这就决定了三全育人信息系统的建立要坚持社会主义方向。

（一）要坚持社会主义的指导思想

我国是中国共产党领导的社会主义国家。因此我国高校三全育人信息化建设的工作必须坚持党的领导，牢牢把握马克思主义指导地位和社会主义办学方向，全面贯彻落实社会主义办学服务的要求，把社会主义价值体系贯穿到人才培养全过程。

（二）要实现社会主义的目标

高校三全育人信息化的建设的目标归旨为办人民满意的高等教育，因此要抓好马克思主义理论教育，让学生们深入地理解中国特色社会主义的道路、理论、制度、文化，并将个人成长发展与祖国繁荣进步紧密地联系在一起，将个人理想与祖国未来紧密地联系在一起，把自己培养成为中国特色社会主义事业的建设者和接班人，为民族复兴和人民幸福而奋斗。

（三）要突出社会主义的特色

鲜明的社会主义是我国大学的基本属性。高校三全育人信息化系统在思想引导、资源选用、评价反馈等方面都要突出社会主义特色，研究和宣传国家的方针政策、发展战略、建设目标，加强爱社会主义及爱国爱党显性教育与隐性引导，用马克思主义的世界观和方法论、社会主义的科学理论和意识形态来教育引导大学生的价值观和行为。

二、坚持以人为本

长期以来，很多学校在信息化建设中“大手笔”地投资，但是并没有获得很好的效果，这主要是因为受传统教学观念的影响，高校在硬件建设、数字化教学资源的设计和运用以及网络时代新型教学模式的实践中，通常注重知识传授和学生的认知发展，更多地关注知识、设备、软件和操作，而忽略了应用的主体——教师与学生。实际上，高校的基本使命是培养人才，高校信息化建设也应当坚持“以人为本”：

（一）在工作理念上要坚持以学生为主体

要从注重“物”的科技环境转向注重“人”的生存与发展，把促进大学生的全面发展作为重要目标，根据大学生的成长发展规律，在建设目标上、工作理念上、实施手段上、管理机制上坚持人本位价值取向，重塑人与技术的主客体关系，加强对人的本质、心理及行为的研究，给予大学生充分的自主权和选择权，引导大学生积极主动、创造性地进行自我教育和管理。

（二）在工作导向上要着眼于大学生的需求

马斯洛需求层次理论将人的需求从低到高划分为生理需求、安全需求、社交需求、尊重需求、自我实现需求 5 个层次。高校信息化建设也应树立更高目标，不仅仅停留在满足学生的信息浏览、查询等低层次需求，而是通过创设智能化的信息化情境、手段、功能，来满足他们自我发展、价值实现等更高层次的需求。高校信息化建设中，应注重通过对数据资源的挖掘、对比、分析，对大学生的需求变化规律进行研究，以实现对学生内在需求精准把握、及时供给，满足大学生性格培养、价值取向、人际交往、心理建设等多元高层次需求。

（三）在工作方法途径上要彰显情感温度

人在信息化环境中往往有“不适应”感。高校应当调整优化信息化应用，提升大学生用户应用体验，通过数据案例了解学生学习生活实际，分析透视学生的内心世界，并运用动画、视频、虚拟仿真等新媒体技术制作大学生愿意静心倾听的案例故事，直抵大学生心灵，引发大学生的共鸣与思考。此外，信息化内容更多融入温情元素，用人性的光辉感染、感化大学生，用当代的、身边的事迹感召大学生。

三、坚持个性化

坚持个性化，指尊重个体之间的差异，发现个体特点，因材施教。信息化时代虚拟、多元和互动的特点，使人们对信息的需求也越来越多元化和个性化。高校应充分认识到每个学生都有成才的潜质和可能，搭建易于大学生自我感受、独立思考和平等交流的平台，并根据不同学生群体优化匹配不同的教育资源，建立不同的评价体系，促进每个大学生的个性化发展和潜质发掘。

（一）体现在学生教育资源的精准推送

高校可以利用摄像头、传感器等设备，通过数据抓取、图像识别、声音识别、物联网等技术对大学生的学习、生活进行实时的采集和跟踪，构建大学生画像，科学研判其行为发展规律，推送相匹配的教育资源。例如美国德克萨斯大学对学生 IT 使用痕迹进行技术分析，识别异常行为，审计 IT 基础环境，制定相应地安全保护对策。另外，本项目还通过对在线课堂数据进行分析，从而对教学方法进行优化，实现因材施教。

（二）体现在学生思想动态的精准把握

高校可以在通过对学生学习行为、生活轨迹、心理咨询等方面数据进行分析，挖掘数据背后的“真相”，精准确立预警学生名单，及时进行干预疏导，使对学生的关怀帮扶前移。比如，在论坛、微博等平台上，每日都会有发帖、留言，这些数据集中体现了教师和学生的思想状况、情感倾向和行为变化。科学管理与分析这些数据，构建师生思想情绪模型，能帮助学校及时了解师生的思想心理状况，进而开展针对性的心理援助。

（三）体现在学生教育案例的精准共享

学生案例共享平台中记录的海量案例涵盖学生在校学习、生活的方方面面，且既有教师、管理人员输入的案例，又有学生输入的案例；既有案例经过的真实描述，又有案例深层原因、解决办法的客观分析，既有文字形式记录，又有音视频形式记录；既有化名的人物原型，又有愿意现身说法的事件本人；且案例涵盖本学校各学院、年级、专业，甚至可以通过共享端口访问其他高校的育人案例库。而高校的学生、教师、管理者在教育教学管理中，会遇到大大小小各种问题，都可以在案例库找到最相关、最适用的“答案”，实现案例的最佳指导效益。

四、坚持科学性

高校三全育人信息系统的构建，其科学性主要体现在三个方面。

（一）体现在依据科学上

高校三全育人信息化建设既要遵循育人经典规律，又要根据大数据信息时代的变化，更新内容，改进方法，不断提高育人成效。一是思想政治工作规律。互联网时代的大学生有着独特的思维方式、生活方式及行为方式，高校信息化应用要体现现代思想意识，充分考虑到青年的思维和行为特征，利用新技术，有针对性地进行教育创新，促使教育提质增效。尤其学生受多元文化思潮影响，常有理想信念动摇、道德观念弱化、价值判断扭曲等情形，高校要实时监测网络舆情，通过信息化平台应用，及时发布热点事件动态，回应学生质疑，占领舆论高地。二是教书育人规律。大数据时代，师生交互的方式、内容都发生了改变。高校要借助学校信息化平台设施，不断改进教师教学方法、扩充教育资源，把互联网、大数据、云平台等深度学习技术融入教书育人中，促进各教育主体“守好渠”“种好田”，发挥合力传授学生知识、培育学生思想、引领学生价值、塑造学生品德。三是学生成长规律。当代大学生自我意识较强，个体诉求较高，但其价值观念、情感心态尚不成熟。高校信息化应用的设计要从充分考虑大学生心理行为变化规律和成长规律，多采用引导式、互动式、激励式的系统语言方法对学生进行教育管理。

（二）体现在设计科学上

高校信息化建设涉及多个部门、多项资源、多方主体，要成功推进信息化建设，必须从理念到实施都讲求科学。高校在信息化建设中，要统筹全局，科学指导，注重质量，深入研究高等教育与教育信息化之间协调发展、相互支撑的规律，根据学校本身的信息化建设情况，立足现实情况和教育发展，选择合适的产品和合作方，避免盲目追求新概念、重复建设等导致资金资源浪费的情况。在信息化建设中高校要规范数据及应用标准，注重应用实际价值，简化应用操作步骤，删繁就简，有效减轻教师和学生的负担。高校信息化建设还要超前布局，预留空间，以适应时代及科技发展的需要。为了提升对紧急突发事件的适用性，高校要注重降低信息化系统平台间的耦合度，提高系统平台的可维护性、可重用性和易扩展性。

（三）体现在管理科学上

从实践经验来看，高校信息化建设离不开技术，更离不开管理。高校要进一步凸显信息化在高校发展战略中的重要地位，通过高层领导的持续推动，不断健全体制机制，引导各职能部门、师生团体等积极参与到学校信息化建设中来，发挥信息技术在教育教学改革、科研学科发展、办学治校中的驱动创新作用，营造良性互动共融的信息化运行生态。高校要建立起信息化的质量监督和评价心态，对信息化规划设计、建设、管理、服务的整个过程进行科学评估，并广泛收集各方的意见与建议，持续提升信息化建设质量和效益。高校要加强信息化专业人才的培养，组建一支能够深入地参与到学校的信息化规划、设计、协调和推进中来的信息化大服务团队，全面地整合服务资源，持续地优化服务过程，以此来构建高质高效的信息化服务对接系统。

五、坚持系统性

高校三全育人信息化建设涉及多个主体、多项制度、多种资源、多元载体。要使信息技术的应用达到最优，就需要从整体上把握，用系统的思想来审视分析目标，用系统的手段来解决问题。

（一）体现为整体性

高校信息化是一项巨大的工程，在具体的应用中，涉及OA、学工、教务、后勤等多个子系统；从服务对象上来看，它关系到全校几十个部门、院系和数千甚至数万名师生；在发展规划方面，还包括后续的系统集成、现有的数据资料存档等。因此，高校三全育人信息化建设，要从整体上考虑系统的需求、功能和结构，进行系统性的规划和设计，做到政治上、组织上、思想上、技术上的统筹。

（二）体现为协同性

高校三全育人信息化建设涵盖学校、教师、学生、家长、社会等多个主体和环节，在信息系统中体现为多个模块、对象、要素、关系。高校三全育人信息化建设，应根据工作实际统筹协调好育人系统中各模块对象要素之间的比例关系，确保各参与方协同合作，形成一个共同体，在组织架构、运行机制、管理制度、育人队伍、资源整合等方面形成相互合作、平衡、依存的工作模式。

（三）体现为融合性

教育与其他行业不同，它是一种缓慢而优雅的进程，信息技术对其的优化也是一个由量变逐渐到质变的潜移默化的过程。随着信息化与教育的深度融合，教育的目标必须从单纯的传授知识转向注重能力和素养的培养。但是，以课堂教学为例，当前大部分教师和学校在教学过程中还是难以脱离传统的教学观念和思维，只关注升学率、学生的成绩等。

也有一部分教师有意识地利用了多媒体设备，但却没有充分认识到信息化条件下进行教学设计的需求，最后也只是播放了一些多媒体课件，可想而知，教学效果如何。因此，高校三全育人信息化建设要充分考虑教育特点、学校特点、学生特点，加强对教学、科研、实践、文化等各方面与信息技术融合的内容、方式、方法的调研，找准信息技术与三全育人有效融合的切入点，在信息技术的支撑下，实现学校育人水平的整体提升。

六、坚持时代性

时代性原则是指高校三全育人信息系统应与时代背景及发展形势相适应。

（一）体现为先进的指导思想

先进的思想指导，是我国教育信息化从起步和应用阶段过渡到融合和创新阶段，从 1.0 阶段过渡到 2.0 阶段的必然要求。教育信息化离开先进的思想指导，就会失去灵魂，也就不能充分发挥作用。所谓先进的思想，不仅指教育领域的先进理念，更是要汲取教育领域外的丰富理念，使教育、教育信息化成为一个“熵减”体系不断开放发展。现有的教育思想主要产生于非智慧时代，更多的是为满足物质世界的需要和社会的发展而构建的。在教育引领社会发展、虚实相融的智能新时代，迫切需要对教育思想进行创新与提升。

（二）体现为新兴的技术运用

信息技术不断升级迭代，并逐步向高级阶段发展。高校信息化的建设也不仅体现在信息化设备的智能化上，更强调设备与设备之间的互联互通，设备的智能化、自动化运行和集中管控；不仅体现在丰富多彩的教育云资源供给上，更强调多级分布的各种资源统一管理、快速调用，全新教育资源的生成与分享应用；不仅体现在信息技术与教育各环节的融合上，更强调创新教育模式，对学生社会责任感、创新精神和实践能力的培养；不仅体现在课堂的教学水平上，更强调基于云计算和行为数据分析，提升课内外教育管理水平；不仅体现在教务管理上，更强调构建良好的教育信息化生态环境，提升教育治理水平①。

（三）体现为新型的问题破解

在信息化视域下，高校教育面临许多新问题、新矛盾。如何解决好安全与发展、开放与自主、管理与服务、理论与实践的现实冲突，实现更高层次的教育信息化发展？如何加强信息化管理运营，协同学校各部门及家庭、社会育人合力？如何改进信息化教育供给策略，激发学生自我教育意识？如何面对教育对象的模糊化、师生交流的远距离化等难题，平衡技术与人的张力？如何在虚拟教育环境增强师生的互动感、幸福感，保证信息化育人实效？如何将信息技术与教育教学有机融合，使信息技术真正成为提升育人效果的有力武器？这些都是推行教育信息化过程中所要考虑的问题。

① 周蓉，顾春华．高校教育信息化建设的意义及对策［J］．中国远程教育，2022（02）：4-10.

第三节　三全育人信息化建设的特征

高等教育信息化建设是“教育”社会学属性和“技术”自然科学属性相结合的一个过程，其本质就是为师生提供优质的信息化教育环境，并以此为依托，变革传统的教育方式。教育目标和人才培养是核心，是信息技术这个载体的内容；信息技术是服务于教育目标的手段，是工具，是平台。二者有机统一，相辅相成。高校三全育人信息化建设的特征可总结为以下几个方面：

一、主体的多元性

“三全育人”是高校落实立德树人根本任务的重要手段。其中“全员”是“三全”的关键。“全员育人”即人人育人，强调的是育人主体的广泛性，各级政府、家庭、社会、学校及学校里的各部门、组织、成员都是育人主体，都承担育人责任。

（一）学校需要积极引入先进的信息技术设备和软件，为教师和学生提供良好的信息化学习环境；需要制定有关信息化教育的方针与计划，以确定其发展的目标与方向。不同学校在信息化建设中的投入和实施方式也存在差异，这种多元性有助于促进信息化建设的全面发展。

（二）教师需要具备一定的信息化理论知识和素养，并能灵活运用信息技术进行教育教学；需要对快速发展的信息技术持续学习；需要积极研究探索教育与信息化的深入融合，共享教育、教学经验与资源。不同教师在信息化建设中的角色和表现也存在差异，这种多元性为教师的专业发展提供了更多的可能性。

（三）学生需要掌握一定的信息技术知识和操作方法，能熟练运用信息化手段进行日常学习等；需要学会快速有效地检索、评估和使用网络信息资源和网络技术工具。不同学生在信息化建设中的参与程度和能力存在差异，这种多元性有助于培养学生的个性化发展和创造力。

（四）家长需要支持学校的教育信息化建设，主动参加到与家长相关的教育信息化数据采集、网络互动等过程中来；需要与学校保持良好的沟通，了解孩子在信息化教育教学中的表现和需求；需要与教师联合共同解决学生问题，共建良好班集体。不同家长在信息化建设中的参与程度和方式也存在差异，这种多元性有助于形成家校合作的良好氛围。

二、对象的复杂性

教育是一个国家和社会发展的基石，而育人对象的复杂性则是教育工作中不可忽视的重要因素。我国高等教育学历分为全日制统招学历和非全日制统招学历（继续教育学历），其中非全日制统招学历包含自学考试、成人高考、网络教育和国家开放大学。因此，高等教育育人对象的范围已经不再局限于普通高中、职业高中考上来的学生，还包括了广泛的群体，如成人、职业人士和社会各个阶层的人群。这种人群的复杂性带来的是年龄、文化、需求的复杂性与差异性。

（一）体现在多段化的年龄群体

传统中，高等教育入学年龄集中在18–22岁，随着教育理念的革新及社会的发展，成人教育和终身学习的重要性日益凸显，国家对大学入学年龄的限制逐渐放宽，只要是应往届高中毕业生（或社会人士）、成绩、身体素质等条件符合，达到院校的录取分数要求，按规定被大学录取，即可报到上学。因此，高校大学生入学年龄范围也出现明显变广的现象。2022 年，华南师范大学新生大数据显示年龄最大的本科生 32 岁，年龄最小的本科生 15 岁。2022 年兰州大学新生大数据显示年龄最小的硕士生只有 19 岁，年龄最大的硕士生 50 岁；年龄最小的博士生 21 岁，年龄最大的博士生 50 岁。2022 年湖北大学的大数据统计显示，本科新生中，00 后有 5581 人，90 后有 7 人。其中，有 3 名 2007 年出生的“天才少年”，成为本届年龄最小的新生；硕士生群体中，90 后依然占据新生的大半壁江山，高达 2032 人；00 后浪潮也不遑多让，共计 1300 人；此外，70 后、80 后也凭借最后的倔强勇闯学海，分别为 15 人和 197 人。1974 年与 2003 年的硕士生，组成了 28 岁的“最萌年龄差”。此外，自学考试、成人高考、网络教育和国家开放大学等继续教育更是面向年龄差距巨大的社会人士，对高校及教师提出了更高的挑战。

（二）体现在多元化的背景文化

如今的大学生生活在一个经济全球和文化多元化的大环境中，他们来自不同的国家、地区、民族和文化背景。因此，高校也就成为多元文化的聚集点，具体表现为不同地域的学生在价值取向、性格特点、人际关系、风俗习惯和行为风格等方面都有区别，在丰富校园文化的同时，也造成了学生之间的文化冲突。比如，在价值取向上，我国西部大学生对传统文化的接纳程度更高，而东部地区的大学生对西方文化的接纳程度较高；西部大学生具有较强的集体意识和较强的社会导向，而东部地区大学生则表现出较强的自我导向。在人际关系上，东部沿海的学生比较外向、圆滑，内地的学生比较朴实、含蓄，西部偏远地区学生喜欢交朋友，但容易感情用事；人际交往方面，贫困家庭大学生比一般家庭的大学生更加谨慎、害羞和封闭。在风俗习惯上，一些少数民族大学生进入大学后对民族文化是否受到学校及同学的尊重比较在意，从而产生了困惑、无助、孤独、挫折、疏离等消极情感，这些情感会促使他们更愿意和民族学生一起参加活动，从而形成比较稳定的活动群体。在行为风格上，经济发达地区的大学生在消费方面倾向于选择时尚新颖的物品，而来自欠发达地区的大学生更愿意购买经济实惠、实用性强的物品。这些背景、文化的差异都是高校大学生产生矛盾、冲突的重要因素。

（三）体现在多样化的个人需求

根据马斯洛的需求层次理论，人的需求包括：生理需要、安全需要、社交的需要、尊重的需要和自我实现的需要。体现在大学生上，生理需求层面具体包括住宿环境、餐饮质量、热水供应等。安全需求层面具体包括个人人身财产安全的保障、平安校园环境的创建、校园基础医疗的保障等。社交需求层面具体包括与老师、同学的和谐交往、友情、爱情等。尊重需求层面具体包括学习成绩、评奖评优等个人价值的认可。自我实现需求层面具体包括个人素质的提高、就业、创业等。这五大需求对不同的学生有所差异，且同一名学生在不同学业阶段也存在差异。比如，大学生刚入学时，比较关注生理需求、安全需求，在大二、大三时则更加关注社交需求、尊重需求，在大四毕业时几乎所有学生都重点关注就业需求。再比如，有的学生在大学非常渴望遇到爱情，有的学生则坚决大学不谈恋爱，专心学习。有的学生想考研考博，有的学生则想快点工作赚钱。有的学生认为宿舍条件将就凑合，来则安之，有的学生则认为宿舍条件无法接受。

三、方法的精准性

（一）体现为协同的精准性

信息化背景下高校育人工作的显著特点即是全员育人的精准协同。“全员”是指高等学校内所有参与育人工作的主体，除包括专兼职辅导员、思政治课教师、专业课教师及行政人员外，还包括校外的家庭、企业、政府、社区、社会团体等。辅导员站在学生工作的最前线，对学生的思想状态和行为举止时时关注，并负责学生危机处理、就业创业指导等工作，是学生成长发展过程中的“陪伴人”。思政课教师负责向学生宣传国家的形势与政策，引领学生的思想、价值、观念，是学生思想的“引路人”。专业课教师负责授业解惑，是静心施教、潜心育人的“送经人”。行政管理人员在高校育人工作中扮演着管理、组织、服务师生的角色，是师生学习、生活、工作的“保障人”。怎样破除各主体间的隔阂与壁垒，使各主体充分发挥育人力量并精准协同，对教育事业来说是现实挑战。而大数据信息技术为该问题的解决开辟了新的途径，可打破传统教育环境下各育人主体各自为政的局面，推动构建家庭、学校、企业、政府、社区、社会多方参与、多员互动的精准协同格局。

（二）体现为内容的精准性

高校教育工作的对象是具有独特群体特征的大学生，他们思想新异、思维活跃，具有强烈的自我意识和自我主张诉求。特别是当前大数据时代的到来、人工智能的发展以及自媒体平台的运营，在改善人们生活质量、学习条件和生存环境的同时，也引发了育人工作对象现实需求的大转变。大学生们频繁出入于各大媒体平台，在此过程中，他们可以通过大数据进行精确的识别与分析，并接受算法的智能推荐与定制。网络背景下，他们已不再满足于大众化的知识“投喂”，对教育教学的内容提出了更高的要求。大数据时代的到来使高校教育内容有望实现精准定制，其规模之大、种类之广、储存之易、运行之快，与大学生的人数之多、个性之不同、需求之多样、变化之快可谓是完美契合。高校大数据中心可将教务处、图书馆、团委、学工部、后勤管理部以及各学院的数据有效整合，通过对学生的学习成绩、心理咨询、校园门禁、上网历史等数据进行分析，智能生成学生的共性特征及个体特征图层，充分掌握学生的思想动态、价值取向、兴趣爱好、学习习惯等，并根据其个体需求，为其提供多样化服务选择。

（三）体现为管理的精准性

大数据最重要的作用就是预测。高校可运用大数据实现在学生的学业、行为与经济资助方面的精准管理。在学业方面，大数据技术能够对学生一定时间段的学业成绩、自习时长进行数据分析，对超过一定指标的学生发出预警通知；还能科学地分析大学生的借阅记录、检索记录以及老师的教学质量，对学生下一步的学习所需以及学习难点进行预测，以便对学生进行针对性地指导。在行为方面，高校可以对大学生的网络使用、门禁出入、舆论热点、实践活动等数据实时监控和采集，对大学生的行为活动进行量化与评估，对沉迷于网络、违反校规校纪、触及法律“红线”的学生发出警告，对可能存有心理危机的学生精准识别，及时通知有关部门给予关注和干预，预防学校突发事件的出现、重大网络舆情的暴发甚至违法犯罪事件的发生。在资助方面，高校可以制定一套科学的学生家庭困难评判与认定标准，通过大数据平台设置大学生每月在学校用餐的频次和花费的额度，一旦没有达到相应的就餐频次和消费金额，就发出警报，并推送相关学院辅导员核实相关情况。这不仅简化了贫困申请与认定的程序，还能防止弄虚作假，更能让学生有尊严地享受国家给予的经济资助。

四、资源的共享性

（一）数据共享

目前我国已建成智慧教育公共服务平台，用户覆盖国内外多个地区。我国2020年推出的“慕课出海”平台，更是为全世界学习者提供了多语种课程和学习资源。此外，与国家整体信息化的发展相伴随，高校信息化建设形势大好，目前大部分高校已完成基础信息数据的采集和整理，数据共享价值明显显现。但与此同时，高校信息化的快速发展及各类业务系统的快速更新迭代也使数据量急剧增长，发展的同时伴随着数据标准不统一、数据质量参差不齐等数据共性问题。这些都阻碍了数据的快速共享。为此，高校要成立主要领导牵头的校级信息数据管理机构，统筹规划数据管理治理工作，明确数据来源、流向，优化数据体系结构，完善数据“共治、共建、共享”管理流程与技术办法，促进业务数据的高效流通，特别要对数据清洗加工、归集整合、入库存储、交互共享，形成高品质、互联互通的数据资源，打破基础数据、扩展数据、业务数据之间的屏障，联通数据孤岛，提高数据的利用效能。

（二）应用共享

如果说数据是共享的基础，那么应用则是共享的窗口。大数据时代高校教育管理信息化建设，不是简单的对数据进行收集分析，购置信息化的设备，而是需要深化大数据技术的应用，以学校的发展情况和实际需求，不断地创新教育管理机制，优化教育资源配置，提高数据资源的利用率和利用成效。在“应用为王”理念深入引领下，高校要梳理业务场景和功能需求，通过数据挖掘、知识图谱、数据可视化分析等方法，抽取公共数据，建立算法模型，整合分散应用，开发新型应用，通过统一认证、融合门户和系统直通车，建设“一站式”服务平台，实现一般业务流程通畅，共享业务兼容开放，尤其是借助报表、分析图等形式可视化地呈现数据分析结果，作为管理层的重要参考。

（三）模式共享

近年来，多数高校都大力推动信息化建设，取得的效益或大或小，一方面与各高校在信息化基础设施的投入、师生信息化素养上的差异有关系，另一方面高校教育管理体制模式是造成信息化成效差异的最大原因。各高校要更多地在教育管理体制机制、大数据平台建设管理、运作模式、信息化项目建设、数据融合应用等方面的先进经验做法加强交流，携手解决教育大数据资源汇集、集成应用等难题，探索能支撑更高质量教与学的信息技术迭代升级，重塑高等教育的新生态。比如中西部高校青年教师融合式教学进修项目，就是在数字虚拟空间，将课堂进行拷贝和映射（又名“克隆班”），从而达到了开放与共享的目的。“克隆班”的师生，不仅能够接收预习课件、实时观看课堂直播，还能与原始班学生一起做题 PK、发送弹幕，拼智力、拼速度，弹幕形成的词云以及在电子白板上面的绘图，可同步发给“克隆班”的师生。原汁原味的“克隆班”形式，推动了不同地域的教师共上一堂课，在课堂中共享共建共学，实现了课堂效果的同质化和广泛化。

五、机制的互通性

互联网环境下的大数据具有整体性、开放性和交互性的特点，它将主体之间、线上线下、课上课下的整体网络和层级体系都连接在一起，从而使整个教育工作链都紧密相连，既方便了各育人主体之间的信息交流与共享，也使育人系统内各协同要素形成协同效应。协同育人机制包括管理机制、工作机制、激励机制、保障机制。

（一）管理机制主要指科学的指导和规范高校的组织领导、规划决策、实施环节及反馈，保证教育的内容和方法都与党和国家的要求相一致，也与学生的接受能力相匹配。

（二）工作机制指教育各环节之间相互联系、配合的体制机制。

（三）激励机制指通过物质激励、精神激励等举措，为教育工作提供积极导向和动力，激发教职员工教育和学生受教育的积极性。

（四）保障机制是高校教育工作的必要条件，为育人工作的具体落实提供了物质保证。

六、路径的聚合性

“聚合是指单个的事物或元素以某种方式从离散到集中状态转变的过程”，高校三全育人的路径是以大学生为中心，校内校外、线上线下各项育人要素有机协同发挥作用的过程。大数据背景下，高校教育路径的聚合在信息传播、资源获取、人际合作等方面都发生了改变。

（一）信息传播路径的聚合

高校基于大数据技术升级校园信息化建设，可改变过去办事“跑断腿，磨破嘴”的现象，实现校内各部门审批、议事的信息化、便捷化。学生、教师则可依托信息平台开展日常沟通及心理咨询。尤其对于不愿意透露姓名的匿名咨询者，可使其排除顾虑，敞开心扉。对于校外的家长、实习单位带教老师，更是可以将与校内班主任的交流从传统的电话、微信转移到信息平台上，有效节省沟通物质成本，也减轻学校对班主任家访、联系实习带教老师等任务要求的监督难度。

（二）资源获取路径的聚合

基于信息化的高校三全育人体系，学生可通过一站式平台获取所需学习、生活资源，教师可通过一站式平台了解学生学习、生活、思想情况及行为轨迹。且利用大数据技术生成学生、教师画像，进而按需推送资源，可有效缩短师生资源获取时间，开拓师生资源利用思维，提升资源利用效果。

（三）人际合作路径的聚合

构建一个体系化、全方位、全天候的高校育人网络平台，使教师、家长、社会群体等多个育人主体围绕学生，以多个支点协同发力、有机互动、双向“互哺”，形成开放、互动、共享、协同的工作新生态。

第四节　三全育人信息化建设的价值

一、教育信息化给高等教育带来根本的变革

教育信息化并不是将传统的线下教学转移到线上，而是在大数据、云计算、新一代互联网技术支撑下，形成一种新型的高等学校生存发展的新生态，包括教育、教学、管理、服务、决策等多个方面。教育信息化必将带来高等教育在教育理念、教学模式、管理与服务方式、决策方式、资源配置和效益发挥、服务社会方式等方面的改变。这些改变不只是教师层面的变革，而是涵盖学生层面、管理层面、学校层面和社会层面等多方面的变革。

（一）教育思想和教育观念的变革

传统的高等教育观念强调的是以知识传授为中心，不论是在专业设置上，还是课程建设上，还是教学组织、教学方法等方面都围绕着这个中心展开。在当今信息化时代，对人才的要求已经不仅仅是知识量的多少，重要的是获取知识的能力，这促使教育机构及教育工作者改变传统的教育思想和教育观念，在教育的“知识观”“学习观”和“人才观”上进行根本的变革，实现教育从“传授知识”到“培养能力”的转变。

（二）教育目的的变革

教育目标也要随着时代的发展而变化。在当代教育信息化的推动

下，我国高等教育逐步开放化。网络教育的兴起，教育教学内容的数字化、多媒体化，拓展了教育的时间范围、空间范围、对象范围，全民教育、终身教育成为可能，人的自我发展和完善也成为高校教育目的的新内容。

（三）教育模式的变革

教育信息化的发展使高等教育进一步走向了社会，逐步地与人们的日常生活融为一体。学生可自由选择学校、教师及课程，扩大了高校办学的开放性。在教学上，也具有更大的弹性，不论组织方式、课程规划，还是教学实施都更有针对性，能适应教育对象的个性化需求。此外，信息化的高度发展使得知识更新速度越来越快，由此带来的竞争压力使得高等教育和继续教育成为一种社会性的需求。

（四）教学内容和教学方法的变革

在教学内容方面，利用互联网的信息搜索功能将本学科最新、最前沿的知识，运用到课堂，使学生学到最新的知识。在教学方法方面，将网络、多媒体等应用于传统教学模式，创设更加良好的学习场景，使教学内容输出更加便捷、精炼，教学主体和对象双向互动。

（五）传统师生关系的转变

传统的教学方式主要是以单向传授为主。在一定意义上，教育信息化使教师的角色从一个单纯的知识传递者转变为一个学习的组织者、协调者，学生利用现代信息技术自由获取知识，从被动学习转变为主动探索，师生角色因此发生了互换。

（六）教育评价制度的深刻变革

教育信息化使越来越多的人开始关注教育和学校，使高校办学更加透明、开放，随之教育评价主体也从政府转向社会。在评价学生能力时，由“以知识为主”转向“以能力为主”、由“单纯考试”转向“考试和实践等多种形式的结合”。在评价办学条件时，由关注“以设备为主的硬件指标”转向关注“以资源为主的软性指标”。

二、高校三全育人信息化的重要意义

（一）高校三全育人信息化建设是高等教育走向现代化的重要标志

从2003年开始，高校开始扩招，使得高等教育进入了一个快速发展的时期。但衡量一个国家的教育水平和发展潜力并不仅仅是看数量和规模，科学技术和创新能力才是第一生产力。当前，我国的高等教育在质量和规模、内涵和外延上，还面临许多突出的问题和矛盾。高校三全育人信息化建设既遵循全员、全方位、全过程育人理念，又突出借用信息技术对教育思想、内容、方法、手段、管理等进行全方位变革，实现教育的现代化创新、升级。

（二）高校三全育人信息化建设是促进教育资源共享和教育公平的必由之路

信息化在资源配置方面有着传统方式所无法比拟的优势，它有着资源丰富、传播快速、获取方便、跨时空等优势，且规模越大，优势越明显。高校虽不具备完全的公共产品属性，但作为我国教育体系的一部分，它本身就蕴含着某些公共产品属性。因此，追求公平，实现每个人的高等教育梦想，是高校本身应有的使命。然而，由于历史和现实诸多因素，我国在教育资源上仍有很多问题。东部是我国经济发展的先行区域，其教育资源优势明显，但相对于东部而言，中西部则存在着人才缺乏、基础设施落后、资金投入不足等诸多问题。在这种形势下，信息技术给中西部的贫困地区大学带来了良好的发展机会，借助信息技术以及一些硬件设备系统，有望实现教育水平的提升与赶超。因此信息化建设是促进教育公平的一个重要切入点。要让每一个学生都能享受到公平、优质的教育，需要从三个角度来解决：一是满足弱势群体的需要，比如对贫困区、薄弱校、困难生的精准帮扶；二是满足对高质量资源的需要，比如对丰富、多样、可选择资源的需要；三是满足个性发展的需要，比如适应个体差异、提升核心素养的需要。在这三个层面上，信息技术也呈现出均衡、优质、个性三个层次的技术优势。

（三）高校三全育人信息化建设是凝聚家校社育人合力的有力抓手

通过多年的教育教学改革和探索，“家-校-社”的教育思想得到普遍认同。但从我国目前的情况来看，我国目前还存在着家庭、学校、社会三大主体的断层和脱节，教育链明显不完整。科学把握新发展阶段，健全家校社全员、全方位、全过程协同育人机制，可以用教育信息化技术手段，开辟新渠道、创立新平台、构建新模式，建立“覆盖全国、规范统一、线上线下联动、资源共享、家校社协作”的教育信息资源大数据平台；充分利用网络学习空间和网络社区，搭建新的教育发展空间，建设即时、泛在、精准的教育信息化传播网络，通过开放、共享的信息通道，建立家校社教育共同愿景，凝聚教育合力，实现高效高质的协同育人。

（四）高校三全育人信息化建设是提高我国综合国力和国际竞争力的现实需要

国际竞争核心在人才竞争。虽然“教育信息化”这一理念已在全国范围内得到广泛采用，并取得显著效果，但是相对于我国高校的快速发展，高校信息化水平仍然不高，尤其在增强综合国力和国际竞争力方面，仍然存在着巨大空间。

（五）高校三全育人信息化建设有利于促进教育理论的发展

我国教育信息化建设几十年来，“教育信息化”“互联网+教育”“智慧教育”“教育数字化”等概念迭代共存。教育数字化作为教育信息化最新理念，更加强调“数据大脑”的调度，在“数字基座”上打造资源平台，接入丰富的信息化工具。教育信息化建设的实践使得教育理论也有了一些发展。高校三全育人信息化建设的实施、创新过程中可充分探索对信息技术与课程“深层次整合理论”、信息化环境下的“教与学理论”和信息化环境下的“教学设计理论”以及近年来备受关注的“翻转课堂”“教育大数据”和“慕课（MOOCs）”的认识理解是否正确，运用贯彻是否得当，并引发诸多全新的理论思考。

从总体上讲，教育信息化是当前教育教学改革的一个重大突破，是教育现代化和教育发展的必然趋势。全国各高校应当充分总结教育信息化的实施经验，面向教育行业与信息产业，不断开拓创新，联动兄弟院校、企业、社会，为高等教育的发展和提升贡献活力。

第四章

三全育人信息化建设的现状

第一节　三全育人信息化建设的成效

“十三五”以来，党中央、国务院高度重视教育信息化，教育部加强统筹部署，顺利完成了“三通两平台”的目标，“三全两高一大”的新发展目标稳步推进，信息技术应用不断深化，信息治理效能逐渐显现。我国教育信息化已从初期的应用阶段步入了融合创新阶段，对促进教育公平、提高教育质量和支撑教育现代化起到了日益重要的作用，中国的教育信息化发展之路也得到国际社会的广泛认同，为我国“十四五”规划的发展实现打下了坚实的基础。

一、学校联网攻坚行动深入实施

教育部与工信部联合开展了学校联网攻坚行动，推动了校园网络覆盖及提速降费。据 2016 年全国共 243 所高等院校的一份问卷调查显示，绝大部分学校都已经开通网络，其中 85%的高校提供无线网络服务。校园网总体利用率较高。

二、信息管理系统已经广泛应用

在信息管理系统应用方面，教务管理系统、学生管理系统、科研管理系统已得到了广泛应用，财务管理系统、图书管理系统、资产管理系统、OA 系统、档案管理系统、招生管理系统、就业管理系统、人力资源管理系统、后勤服务管理系统、校友管理系统也有很高的使用率。能源管理系统、空间管理系统等在部分高校也得以应用。

三、优质资源供给和教学应用水平大幅提升

大多数高校都已建成课程教学平台，该平台打破空间限制，给广大师生提供了全新的网络学习环境，教师可以通过平台进行备课授课，收发作业，与学生共享教学资源，学生亦可以在网上学习，获取课程资源，和老师进行互动。多年来，通过“三个课堂”的推广，“一师一优课、一课一名师”的实施，凭借信息技术扩大优质教育资源覆盖面的有效机制已初步形成，并成为提升教育质量、推进教育公平的重要手段。截至 2020 年底，已完成英语、音乐、美术等课程共 6948 课时的课程资源的开发与整合；已建立 203 个国家级职业教育资源库；已认定 1291 门国家级精品线上课程；已确立 401 个国家级虚拟仿真实验教学项目；慕课用户已超 3.1 亿人次；已获得网络课程学分的人次超过 8200 万。

四、教育资源开放共享程度不断深化，国家数字教育资源公共服务体系日益完善

教师超过半数把网络学习空间作为教学与研究的重要平台，教育资源公共服务逐步向均等化、普惠化、便捷化发展。截至2020年底，184个平台已接入国家数字教育资源公共服务体系，平台应用访问超3亿人次，资源共享累计超过3.2亿次，月活跃用户达6000多万人，网络学习空间开通数量超1亿个。

五、信息化建设得到重视

信息化建设已得到高校领导的重视，超过80%的高校都由副校长来具体负责学校信息化发展规划的制定，信息化部门扩编明显，基本在16人以上。

六、信息化支撑教育治理现代化效果明显

教育基本信息库建成，涵盖学校、教师、学生三大主体的基本信息，实现了学校“一校一码”、师生“一人一号”。初步建立了包容审慎的“互联网+教育”新业态监管制度，形成了持续、健康、有序的发展环境。截至2020年底，共享教育基础数据达2.1亿次，支撑600多项地方业务开展；教育部“互联网+政务服务”平台实现与国家政务服务平台“一网通办”；校外线上培训、教育移动互联网应用、网课平台等管理得到进一步规范。

七、教师信息素养和应用能力得到全面提升

在全国范围内，80%以上的中小学教师都采用了信息化手段，教师

的信息素质和教学水平得到了提高；教师信息素养能力提升工程 2.0 培训教师人次已超 1000 名；教育厅局长和中小学校长教育信息化培训班、“网络学习空间人人通”培训班，累计培训达 3 万人。

八、网络安全人才培养和防护能力显著增强

加强网络安全专业人才的培养，贯彻落实《网络安全法》，构建教育系统网络安全责任制，组织开展网络安全主题宣传活动和网络安全技能培训，增强全社会的网络安全意识及能力。截至 2020 年底，开设网络安全相关专业 5 个，全国布点 233 个；11 所高校被评为一流网络安全学院示范建设高校；制定了网络安全应急预案，及时通知和处置超过 6 万个安全威胁。

“十三五”这五年，我国教育信息化建设工作画出了一条乘风破浪的向上曲线，全社会对教育信息化的认识发生了质的飞跃，同时也充分证实了信息化对推动教育现代化的积极意义。

第二节　三全育人信息化建设目前存在的问题

一、三全育人信息化建设观念落后

思想观念作为行动的先导，直接影响着行为实践的方向和成效。总体上来看，高校的个性化育人观念、数据育人观念、协同育人观念还比

较薄弱。

(一) 个性化育人观尚未突出

“满足客体适应社会、享受和发展等需要是教育效果最突出的呈现”，大数据应用，可以最大限度地满足大学生各方面的需求。当前大学教师利用大数据思维方法教学的热情很高，但在其他领域，却没有主动运用大数据方法特性和逻辑理路，去了解教育对象的需求变化、思维动态和行为习惯的特点，教师的因材施教和个性化服务意识还不强，导致其提供的服务内容与方式与学生的需要脱节，差异化的成效不明显。

(二) 育人工作数据管理和保护意识薄弱

要使教育工作走向信息化、智慧化、个性化，必须使用、利用数据，但过度收集、分析数据容易引起隐私泄露等数据道德问题。同时，一些教师在数据管理和保护方面意识不强，对大数据获取与利用的法律、道德界限等认识与定位不明确，对这一类问题的主动思考性较差。这些都是教育信息化实施中必须解决的问题。

(三) 协同合作思维有待增强

大数据网络中心辐射学生成长成才多个方面，包括学业、生活、教学、科研、党团、后勤、就业等，能够从多个方位整合学校的教育数据，架构多个主体的协作关系网络，从而构建“三全”的育人模式。然而，高校教师还没有完全形成协同工作的思路，对大数据的深入挖掘、多维并行分析等功能还没有深入理解，更不会灵活运用来辅助三全育人工作，导致交叉式、互动式、协同式的三全育人信息服务供给不足。

二、三全育人信息化建设主体分化

高校育人主体是广泛的、多元的、开放性的，校内主体主要包括辅导员、校院两级领导、行政管理人员、心理辅导教师、通识课教师、专业课教师、学生组织等，校外主体包括家庭、实习单位、科研机构等。但各主体的协作机制尚未形成，存在着主体割裂、数据分散、工作分离、关系疏离等问题。

（一）专业课教师、通识课程教师大多专注于自己的专业领域，把重点放在了课程知识的传授和专业技能的培养上，还没有形成协同育人的思路，也没有把所授课程的思想教育功能充分发挥出来，思想教育元素与学科建设、课程编排、教材设计、作业布置、考核管理等方面缺乏深度结合，专业教育和思想价值教育相互隔离，还没有形成大学生知识传授、技能提高、方法掌握、情感培养、价值观引领协同推进的良好局面。

（二）辅导员工作涉及学生各方面，但由于工作内容复杂、体制不健全、缺乏物质保障，对三全育人工作的意识自觉和实践自觉还有待增强。

（三）高校行政管理人员的精力主要集中在行政事务，认为三全育人工作与自身没有多少关联。

（四）家庭、企业和社会组织等在大学生培养中的积极参与度不够，总把育人看作是学校的事，而回避自己。

总的来说，因为缺乏有效的媒介贯通教育工作各环节，高校外，学校与家庭、企业、社会的信息障碍和认识分歧不断加剧，协同育人的屏障越来越高。高校内，众多的学院、部门“各自为营”，造成学科分割、信息分散、关系疏远。高校育人工作的协同效果有待通过信息媒介手段来实现。

三、三全育人信息化建设方法单一

现代信息化最显著的特点是通过个性化、多元化、及时性、精准度的服务来实现用户体验感知效果的最优和最大化。信息化时代背景下，高校信息化建设的主旨理应是利用信息化快速、精准、丰富、可定制等特点，为师生在校学习、科研、生活、社交、娱乐等提供更优质、更便捷的服务体验，尤其是通过系统平台的设计，让学生自觉地对自己管理、教育、服务。然而，在目前的实践中，由传统“管控思维”主导的信息化开发系统更多强化如何有效管理、如何达到管控目的。这种监控式的信息化管理模式容易忽略学生和教师的实际需求，造成“一刀切”的僵化管理行为。目前仍有部分学校摆脱不了“唯学习”的传统思维，从家长到学校，仍然一切唯分数是瞻，而学习成长体验变成是整个大学中并不重要的一部分，这也是数字信息化系统无法在国内学校大规模推广的重要因素之一。

（一）信息系统不成体系

受限于学校基础建设落后、平台功能分散等问题，导致部分学校的信息化系统未成体系，招生、人事、后勤、教学、学生等各个平台各自为营，学校的信息化系统多呈现出碎片化、单一化等不成体系的形态。

（二）信息系统难以满足师生多样化需求

目前信息系统在教学、财务等方面比较成熟，参与度也比较高，在学生生活、社会实践及师生互动等方面的信息系统比较少。大多数学校信息系统服务范围还不够广，服务内容不够细致，服务手段还比较单一。

（三）信息系统难以适应学校实际情况

虽然各学校、公司积极构建信息管理系统，以期赶上学校数字信息化系统建设的步伐。但目前市面很多管理系统的开发、应用没有完全考虑到学校的实际情况，看似很优秀的功能却无法完全满足学校的需求，甚至导致某些学校因体验不佳放弃智慧管理系统，继续使用传统的工具。

四、三全育人信息化建设资源有限

（一）信息化设备老旧

目前，我国高等学校还面临着设备整体水平达不到信息化要求的问题。加之电子设备升级换代比较快，导致个别高校的硬件条件与信息化的要求差距很大。另外，一些大学在信息化建设时，不考虑自身的实际情况，盲目投入、大量投入。但是，随着信息化环境的迅速发展，重金投入的装备设施没能充分发挥作用就已过时。

（二）信息化经费不足

大多高校仍然为信息化经费所困。经费投入严重缺乏，有些本科院校一年的信息化经费只有一两百万元，且经费来源单一，主要为国拨、省拨或银校合作经费，经费数量少，使用限制多，难以负担周期长、价格高的软件公司定制化产品。

（三）信息化人才缺乏

三全育人信息化建设的过程中需要懂得信息建设且又充分领悟三全育人精神的技术人才和管理人才，需要将这些人才合理组成一个良好的技术管理体系，这是一项艰巨的任务。英美等知名大学的信息技术部门通常都是200—500人，平均每个人服务100—200名师生。而国内的大学信息中心通常只有十几个人，他们的工作主要是网络、信息系统、网络安全，甚至是多媒体教室（智慧教室）、会议室等的维护管理等，涉及面广，工作内容繁杂，整天都在忙着应付，服务质量很难得到提升。即使是有编制，也会因为待遇和晋升等问题而出现“引不进、留不住”的问题。

五、三全育人信息化建设机制脱节

（一）在组织建设上，随着各高校对信息化建设的关注，一些高校已专门成立了信息化建设与管理处或信息化管理处，对校园网络安全与信息化工作进行统筹管理。但仍然有很多高校没有成立统一的归口管理部门，相关组织机构往往依附于其他职能部门，不能发挥对全校信息化建设的统筹作用。很多高校的信息化部门在学校里是一个弱势的部门，处于边缘化的地位，得不到领导的关注，不仅在人、财、物上没有得到足够的关注和投资，同时也难以将信息化工作列入学校的实施计划或者工作优先级。在经费分配、人员待遇、干部提拔等方面，信息中心等信息化部门也与其他职能部门存在着一定的差距。另外，虽然在《教育信息化“十三五”规划》中指出，“要在各级各类学校逐步建立由校领导担任首席信息官（CIO）的制度”，但我们在调查中发现，大部分大学还没有建立起 CIO 机制，也没有形成与之相适应的功能和管理方式。

（二）在机制建设上，各高校对信息化建设的重视程度越来越高，将“信息化规划”单列的高校比例也在逐步增加。但多数高校把“规划”搁置起来，形同“一纸空文”。在学校的信息化建设规划中缺少实施、考核、问责等环节，导致学校的信息化建设缺乏长效性和科学性。

（三）在应用推动上，各高校缺乏对信息化的统筹，更多的是在做一些救火式的系统建设和维护。在运行管理系统的过程中，存在着一些制度上的问题，比如在运行管理系统的过程中，各部门之间的合作不够紧密，互相推诿。

第三节　三全育人信息化建设问题的归因

找到大数据时代高校三全育人信息化建设的问题所在，才能在高校具体教育环节中结合大数据技术，构建“全员、全过程、全方位”的育人格局。

一、主体认识原因

高校教育工作主体的认知的特点表现为发展性、时代性、主观性等，不同历史背景和环境下也有所不同。大数据时代，高校教育工作者理应运用信息技术手段来提升教育教学服务质量。但研究发现，高校教育工作主体积极运用大数据思维手段了解学生、服务学生的意识还比较弱。

（一）高校教育工作主体运用大数据方法分析学生的意识较弱

调查表明，许多大学教育工作者没有充分认识到大数据在学生教育管理中的作用，没有将大数据优势与学生的教育管理工作相结合，没有很好地利用大数据及其相关技术来获得学生全面动态的信息、拓展学生教育管理的方式、捕捉学生关注讨论的热点。目前，我国高校有相当一部分教师的大数据素质还比较低下，不能从学生的多维度数据中找到他们的问题困境和特长喜好，不能及时把网络上关于学习、交友、恋爱、就业等热门事件转换为工作素材，不能准确分析国内外重大事件，不能很好地把网络语言转换为教育话语，甚至学生的网络生活成为教师教育管理的盲区。

（二）高校教育工作主体实施大数据精准管理的观念较差

信息大爆炸时代，大学生的思想观念、心理情感等等都迅速发展，给精准的追踪和服务造成了很大的难度。但在大学里，教育工作者常常处于一个较封闭的环境中，甚至与大数据环境相脱离，因而欠缺利用大数据把握工作对象思想变化并精准教育引导的意识和能力。大部分教师遵循传统方式，用规章制度来约束管理学生，很少利用数据分析、精准画像等技术来开展更有针对性的教育引导，这从课程安排、活动组织、教育评价等各个环节都能看出来，存在着显著的模板化、同一化现象。

（三）高校教育工作主体运用大数据时代相关产物鲜活内容的意识不强

在信息网络环境下，运用新媒体新技术是高校立德树人的一种重要方式，据调查，在思政教育中，高校不善于运用微信、微博、短视频等媒介使思政工作内容更加生动鲜活；在课堂上，教师并不擅长从大数据中窥视当代中国日益月新的变化，也不会将行业新案例、新标杆、新问题与专业教学结合，导致教学的亲和力不够，吸引力不强。

二、队伍职业化分工与全员育人要求不相协调

大数据时代，高校教育工作协同育人队伍包括教学、科研、党团、后勤、行政、学工等各部门人员。然而，由于职业分工的关系，一些教师和管理人员只把注意力集中在自身专业分工上，对每个人、每个岗位都是育人的一员，思想上不重视，行动上不配合。

（一）高校领导队伍负责协同育人的领导规划、方向管控、组织协调和实施监督。但是，由校党委、信息网络中心、学工部、后勤部等组成的领导队伍对于大数据工作没有给予足够的重视，尚未形成把大数据工作放在学校中心工作的全局意识和责任感，没有用大数据技术促进学生教育管理的紧迫认识。许多高校未能从制度、人员、载体等多方面，对学生思想政治教育工作与教学、科研、实践等工作进行很好地统筹协调，依旧受制于校院两级垂直管理模式，院校之间、上下级部门之间都有工作上的阻碍和壁垒。

（二）高校的教学科研队伍肩负着繁重的教学科研任务，他们的大部分精力花在专业知识的教授与学术科学的研究上，对大学生的思想引领和道德教育比较少，甚至个别专业课教师认为上思想道德教育是辅导员的事，与他们无关。此外，部分专业课教师与辅导员、班主任缺乏沟通，使其不能全面地了解学生、发现学生的问题，对学生的教育引导也

就只能停留在学业上。

（三）高校宣传队伍负责政治理论学习组织、校内校外新闻宣传、精神文明创建、舆论环境管理等。可以说，高校宣传工作与学生教育管理工作是相互促进的。然而，当前高校宣传部的工作主要是学校官网、微博等平台来进行理论政策、科技竞赛、文化活动的宣传和推广，并没有与大学生的思想政治工作进行深入的融合，深刻阐释其中的教育性、思想性、启迪性内容，导致宣传内容对大学生缺乏吸引力。

（四）高校管理服务队伍是全员育人的重要“一员”。怎样借助大数据，以校务工作及校规约束为基础，调整管理方案，优化管理流程，增强沟通互动，加强关怀支持，使管理服务更加高效、精准、亲和，更好辅助学生的在校学习、生活，是管理服务队伍在教育新形势下应该考虑的重要问题。

三、大数据技术应用与传统育人模式不相对接

当前，大数据理念对三全育人工作主体的观念影响尚浅、大数据逻辑与三全育人工作特质的人本主旨疏离、大数据技术与三全育人工作手段的结合生硬，这些都直接影响到三全育人工作的开展和成效。

（一）大数据对三全育人工作主体思维改造浅显

大数据的工作理念可以概括为从全部、混杂的数据中探寻相关关系，而不是简单的数据来源和因果关系。然而，高校育人工作主体很少在工作实践中主动运用数据思维、整体思维、推理思维，因而对育人工作主体、对象、环体、介体的复杂关联、影响也无从分析。总之，大数据思维在高校育人工作中的指导性作用远远没有发挥出来。强化育人主

体从全样本、大数据中识别有效信息、总结共性及个性规律的思维意识，是教育信息化的第一步。

（二）大数据技术与三全育人工作手段嫁接生硬

当前，大数据技术与高校三全育人工作的结合，主要是对新媒体平台、在线学习网站、APP 教学产品等平台增加了一些小功能，远没有体现教育信息化的个性化、针对性、定制式优势。比如学习平台上会根据学习者已经报名的课程，推送相关、相似课程。但还不具备根据学习目标精准推送课程资源组合的能力。还有些大学对大数据介入三全育人工作的形式、机理、链条并没有建立在详尽考察部门制度及业务流程的基础上，因而规划设计不够清晰，简单嫁接、生拉硬套，最终导致平台不成体系、数据重复矛盾、流程繁复不通。

（三）大数据与三全育人工作人文本质疏离

大数据驱动育人工作的变革在技术与工具理性的共同作用下进行，然而，过于强调大数据技术在教学、管理、决策等方面、各个环节的应用，容易造成对数据的过度依赖，也使三全育人工作在理念驱动、内容结构、方法选择、语言范式、数据释义、行为语境、交往规则、互动关系等方面均被数据所支配，致使三全育人工作缺少本应具有的人文情怀。同时，随着大数据的聚变发展，数据泛滥、独裁、泄露等问题，很可能出现技术成为“异己力量”的情况，与技术发明的初衷相背离。为此，大数据与三全育人工作的结合中对人文价值、技术伦理等问题的反思不能缺位。

四、资源自主式整合与整体育人网络不相统一

大数据是高校开展教育管理工作的第一资源，在一定的规范下，对大数据集群分类整合，并与物资、人力、技术、精神、环境等资源进行协作，可能使大数据发挥最大价值。然而，由于大数据资源具有分布式存储、海量分析、动态生成等特点，导致工作人员对其集成和整合的能力较弱，制约了协同育人网络的构建。

（一）资源分散式存储与数据共享要求不统一

在社会变革与技术驱动下，大数据的价值不断攀升，催生了拥有、掌控、存储、整合、运用大数据的主体人群，简称大数据集群。高校、家庭、政府、社会作为重要的大数据集群，掌握着不同层面的育人工作数据。然而，受思路局限、大数据共享平台建设滞后、数据共享与监管机制不完善、技术标准缺失、利益关联等因素的影响，数据及关联资源被“理所当然”地归为“私有财产”。再加上政府、大学和社会的“垂直管理”以及“以部门为中心”的信息发展模式，造成资源在垂直方向上流动，缺乏横向交流。这些都是大数据共享和全方位育人网络构建的现实阻碍。

（二）资源大体量分析的集成效应发挥不充分

高校教育教学中产生的全天候、全地域、全方位的信息数据，可构成海量的资源数据库。然而，目前尚无统一的大数据数据库建设、管理、使用规范和标准，数据甄别技术也还有很多不足，导致数据中混杂着不少虚假、瑕疵、重复数据，降低了数据资源整体的真实性、完整

性、有效性。如何对这些数据进行有效地识别、抓取、剔除，是大数据背景下育人工作面临的一大挑战。另外，由于信息隔离，导致育人工作主体难以从多维度、多层次、多类别的数据中建立有效关联，这就限制了数据资源集成价值的发挥。

（三）资源动态化生成与育人要素的联动不同步

大数据环境下，大学生的思维与行为呈现出瞬时、动态的特征，教育工作数据也在持续地更新与裂变，导致了工作资源的冗杂、多样化和广泛化。新的数据不断涌现，其中包含了完全不同的新的信息基因，其价值评判依赖于大数据系统的自动化评估或者工作主体的清理、重组、对比、分析与定义。新的、非结构化的、碎片化的数据的混入、掺杂，使得教育工作主体不得不与时俱进，根据情况变化，在决策、目标、内容、方式、原则、路径等方面进行优化和改进，然而这些工作时效性强，任务难度大，很难保证数据资源利用与高校三全育人工作的要求同频同步。

五、机制关联性衔接与全程育人要求不相适应

大学生学习生活成长周期包括从考试录取到毕业离校整个大学阶段。但据调研，学生入学前和入学之后、课堂和课外、线上和线下、校育和家育之间没有形成一个连贯、流畅、关联的工作机制，这在很大程度上限制了全过程育人的发展。

（一）入学前到入学后的机制衔接不畅通

大学生刚进大学时学习环境、人际关系、生活环境、校园文化环境

都与高中时期有很大不同，因而在这一阶段大学生的思维、观念也会随之发生很大变化，而这也是高校教育管理大学生的关键时期。但学生被录取到进校报道前这一阶段，绝大多数高校没有和学生产生多少联系，或者只是建立了微信群用于通知发布，班主任只有学生的学号、姓名、联系方式等基本信息。大学生入学后，辅导员（班主任）一般都会通过新生班会、军训教育、谈心谈话尽快了解学生的家庭、学业、性格、健康状况、兴趣爱好、理想等信息，也会逐步对新生的心理情绪、生活经验、社会文化实践、专业发展等开展引导教育工作。因此新生刚入学，辅导员（班主任）要在短时间内完成大量的工作。长期以来，入学前与入学后形成鲜明对比，可以说前轻后重、“薄前重后”，缺少有效衔接。

（二）课上课下、线上线下的机制衔接不相融

在素质教育的背景下，很多高校把第二、三课堂作为提升学生综合素质的重要抓手。但第一课堂主要由擅长教学的教师群体负责，第二课堂主要是擅长科研的少数教师组队开展，第三课堂则主要是团学教师负责组织开展。三个课堂，尤其是第二、三课堂之间缺乏呼应和协作，导致课堂教育内容在科研实验探索、学生组织教育、党员教育等形式中缺少有效呼应、延续、转化，而科研实验探索、学生组织教育、党员教育等内容也很难对课堂教育形成反哺效果。此外，高校线上线下混合式教学中还存在线上教育资源不足、线下线上教育内容重复、师生线上交流互动不多、学生线上学习缺少监督、学生线上学习缺少评价等问题，导致线上线下教育没有形成相互融合促进的效果。

（三）校育与家育的机制衔接不对称

校园是学生接受教育、学习知识和社交的重要场所。家庭则是学生情感的港湾和价值观形成的重要场所。校园侧重于知识传授和社交能力的培养，而家庭则侧重于情感培养和个性化发展，校园与家庭虽然“天各一方”，但相互补充、交叉对接，是学生成长的双重支持系统，共同影响着学生的成长和发展。学校大环境与家庭小环境相互配合，有助于形成更加良好的育人生态。然而很多家庭对教育存在认识偏差，“重智育，轻德育”。尤其是大学阶段，不少家长认为孩子已经成人，加之孩子学习、生活都在学校，便对孩子“放手不管”“听之任之”，忽略了对孩子的情感关怀、思想引导和价值观培养。在陈年累月的无意识中，其在家庭中的教育主导地位趋向弱化，家育与校育的配合、互动、协作从频次到能力越来越低，家育、校育的衔接呈现出不对称的特点。高校虽然能认识到学校教育与家庭教育协同的重要性，但并没有建立常态有效的家校衔接制度，比如对家庭信息的了解程度、与学生家长的沟通频次和内容、家长必须到校的情况等都没有明确规定。

六、育人体系供给与全方位育人需求不平衡

全方位育人体现了育人工作的多元目标，即要把学生培养成一个具有全面素质的人，既注重智育，也强调德育，既关注结果，也强调过程，是立德和树人两个本质要求的辩证统一。十大育人体系指课程、科研、实践、文化、网络、心理、管理、服务、资助、组织十大育人质量提升体系。可以说，十大育人体系是全方位育人的着力点和落脚点，然而目前十大育人体系的供给与全方位育人的需求不相平衡，造成三全育

人成效和三全育人信息化建设成效受限。

（一）体系内部发展不平衡

高校十大育人体系格局并不是同步发展起来的。“教书育人，管理育人，服务育人”早在 20 世纪 80 年代中后期就已提出。“实践育人”“科研育人”于 21 世纪初提出。而“网络育人、心理育人、资助育人”2017 年才提出。这就导致十大育人体系中不同的方位在理论研究和实践经验都不相平衡。很多高校在教学上一直领先，但在其他方面却发展平平，甚至是制约短板。

（二）理论与实践不平衡

十大育人体系之所以提倡一体化，究其根本，是从大学生自身的成长与综合发展角度出发。教育是一个双向交互的过程，理论指导实践，实践又促进理论的内化。当前高校十大育人工作体系有很多实践经验，但在理论研究却存在不足，无法把经验提升为理论指导。就现有资料来看，有关十大育人体系整体性建设的研究较少，更多的是从单一的育人视角来开展研究的。

（三）关注对象不平衡

高校教育工作的主要对象是大学生群体，“一切为了学生，为了学生的一切”，从狭义上来讲并无不当之处。然而从广义上讲，高校教育工作对象中的“人”，既包括学生（专科生、本科生和研究生），也包括教师。但目前我国高校十大育人工作体系对学生和教师这两大对象群体明显具有不相平衡的关注。这种不平衡主要表现为师生之间不平衡，也表现为学生内部不平衡。一方面，教师受到的关注明显低于学生。实际上，教师在学校中具有双重属性，既是教学活动的主体，又是教学活动的客体。教师的前者属性有目共睹，但其后者属性也不容忽视，因为只有使教师持续受教育，提升育人本领，学校的教育功能才能得到充分发挥。另一方面，本科生受到的关注明显高于研究生。这主要是因为本科生的人数远超研究生。此外，研究生年龄更大、来源更广、思想更多元、管理相对松散，也是关注度不平衡的重要原因。

（四）育人资源不平衡

在育人资源方面，从宏观上来看，十大育人体系教育资源的开发跟不上高校育人工作的开展。当前，高校某些教育理论和教育材料已显陈旧，不能满足学生多样化的知识需要。比如，课程育人对专业课程的育人功能提出了更高要求，但在专业教材的育人功能开发上却仅仅依赖专业教师来挖掘书中的育人亮点。文化育人要求对革命文化的育人内涵进行挖掘，在革命老区的高校可依托红色革命基地开展育人工作，而那些距离较远的高校则无法很好地利用这些资源。从微观上来看，十大育人体系内部的资源分配出现了失序的现象。主要表现为高校任课教师与非任课教师资源配置比例不合理。许多高校只重视专业团队的建设，而忽视了其他团队的培养，不仅使人力断层严重，也导致了大量的资源浪费。

（五）载体运用不充分

目前我国在载体资源的运用上还存在很大缺陷。就管理育人而言，一些管理、服务岗位的育人功能没有很好地发挥出来，很多条幅、海报式的宣导内容流于形式，未能在学生心中生根发芽，也没有起到提升管理成效的效果。就文化育人而言，策划部门往往把教育内容蕴含在丰富多彩的校园文化活动之中，以期寓教于乐。但活动实施中形式大于内涵，活动前或活动后也缺少内涵意义的宣扬扩大和思考总结，导致“噱头”“阵势”很大，但与期望的育人效果相距甚远。就资助育人而言，主要形式为奖助学金、勤工助学岗位的设置，往往只有经济上的“扶贫”，缺少精神上的“扶志”，育人价值差强人意。同时，迅猛发展的科技已经产出很多高效智能的教育媒介手段，但很多高校并没有跟上媒体载体建设的步伐，也缺乏相关人才的培养，导致新兴教育载体运用不充分。

第五章

三全育人信息化建设的对策

第一节　树立多维融合的协同育人理念

一、树立“立德树人”理念

“大数据时代”这一概念正逐渐渗透到教育的方方面面，并引发教育理论和实践的深刻变革。2012 年，在《大数据促发展：挑战与机遇》一文中，联合国明确提出大数据时代已经到来，称其既是机遇又是挑战。同年，党的十八大提出要“把立德树人作为教育的根本任务”。在历史的时间序列中，大数据时代与立德树人就这样在教育领域中偶然交汇。一方面，我国政府陆续出台《促进大数据发展行动纲要》《国家教育事业发展的“十三五”规划》《国家教育事业发展“十四五”发展规划》等政策文件，强调利用大数据来促进中国教育的发展。另一方面，国家领导人对立德树人与高校德育的关系作出更为深入、精辟的论述，比如，2016 年习近平在全国高校思想政治工作会议上强调“高校立身之本在于立德树人”；2018 年习近平提出“要把立德树人的成效作为检验学校一切工作的根本标准”。

在大数据时代下，立德树人仍然是高校教育的根本目标。具体而言，这种根本性表现为以下几点：

一是以立德树人为根本目标能够缓解大数据时代高校教育所面临的“技术与人”的张力问题。随着高校教育的现代化和科学化，新的技术、方法被应用到高校教育中，进而弥补了其在技术和方法层面的不足，尤其是大数据技术的发展，将改变传统的以经验为主的高校德育方式。然而，这种大数据技术却隐藏着对人本身的异化，即将高校教育中的人尽可能地客观化、工具化、测量化和数据化，并把这种对人的异化认识应用到高校教育的各个环节，使得人的主体性、生命性和人性不断受到削弱而逐渐变成“机器人”存在。而今，在高校教育不断智能化和数据化的趋势下，立德树人为大数据技术在高校教育中的应用提供了目的维度，它通过对人的存在的回应与超越，使人的主体性、生命性和人性始终得到重视而不至于被技术所泯灭，让个体在使用大数据技术时始终保持对人的审慎，进而在“技术与人”的张力之中获得一种明智的平衡。

二是以立德树人为根本目标能够超越大数据时代高校教育“德与才”的内在困境。在大数据时代，由于数据信息的爆炸式增长、流通性增强和获取的便捷性提高，人们对事物的认识将更加全面和深刻，对某种专业知识或技能的学习更加容易，进而可以极大程度地使得自身的才能得到充分发展。这也就意味着有“才”无“德”的问题会更加突显。立德树人内含着将个体的品德和才能统一起来的双重要求，进而可以让高校教育在大数据时代避免偏重于“德”或“才”，以及重新陷入“德”与“才”造成的曲折循环之中。

三是以立德树人为根本目标在古今中西的冲突中能够夯实大数据时代高校教育的文化根基。目前，高校教育的文化根基实际上还是比较薄弱的，主要体现在两个方面：一是高校教育缺乏中国传统文化的滋养；二是高校教育在整个现代化进程中不可避免地面临着西方文化带来的冲击。在大数据时代，所有文化都可以借助数据的形式得到较为快速、全面和广泛的传播，也就意味着这种冲击将更加突出。立德树人不仅彰显了整个中国传统文化对人的最高理想的追求，而且适用于西方古典文化中对人的最终实现样态的描绘。这也就意味着立德树人在某种程度上能够缓和传统与现代、中国和西方之间的冲突与张力，进而在古今中西之间夯实大数据时代高校教育的文化根基。

在大数据时代下，高校实现立德树人的基本路径如下：

（一）以文化德

高校文化可分为物质文化、制度文化和精神文化三大类。“大学之道，在明明德，在亲民，在止于至善”（《大学》）。我们可以把“崇德向善”的德育理念作为高校文化的终极指向，把物质文化、制度文化和精神文化三者有机地统合起来，使之在校园这个空间中相互配合、形成合力，将学校创建成一个充满德育意涵的场域，进而能够对个体的道德养成和全面发展产生潜移默化的作用。

在大数据环境下构建这样一种德育文化场域，需要注意如下：

首先，要向虚拟世界敞开。要根据大数据的反馈，视情况开展社会、职业、家庭和个人等多个层面的道德素质理论宣导和行为实践指导。要在课程、文化、网络、心理建设等领域拓宽线上内容，丰富互动形式，渗透高校的物质文化、制度文化和精神文化，避免德育在网络世界简化为知识传输，而是真正转化成浸润生命的德性和教养。要主动接受传统文化的滋养、革命文化的淬炼和社会主义先进文化的熏陶，正确认识不同文化产生、发展、沉淀、融合、演化、传承的历史规律，把文化元素与现代化的科学技术相结合，利用网络图片、影像、表情、VR、AR、H5 等各种方式，创新性地展示文艺和文化技术，为教育工作注入新鲜文化素材。比如学校可以家风、学风、校风等多个主题，举办网络图片视频展播、网络文化艺术节、网络征集等活动，使教育思想由微而著、由外而内，在学生心中扎根生长，使学生逐渐完善价值理念、提升精神品格、拥有处世智慧。

其次，要向现实世界敞开。打造德育活动品牌，鼓励和引导师生在日常生活中积极参与环境保护、敬老服务、留守儿童服务、“学雷锋志愿日”“艾滋病日”等志愿服务、公益活动、生产劳动、社会调研及勤工助学实践活动。一方面使静态的高校德育文化通过师生生命活化出来，使之变得鲜活、亲近和富有生命力，进而使高校德育文化在现实世界中扩大自身场域的广度，能够真正连接社会和融入师生的生活。另一方面使师生在服务他人的实践中增强责任感，由小及大，培养大爱无疆的情怀，树立服务社会的意识。在大数据时代，高校要注意利用计算机网络技术，将学生德育实践纳入学分体系，通过图片、视频、位置上传及其他技术精准核查实践工作量及相关单位评价。

再次，要向历史世界敞开。高校不仅要从长期的办学历史中所积淀下的经验里反思、总结和凝练出自身独特的德育文化，还需要从中西历史文化中汲取养分来增强自身文化场域的深度。在这一进程中，高校应当充分利用自身的学科、技术优势，对中西方历史文化进行深入发掘、全面阐释、创造性转化和创新性发展，按照时代的新进步、新进展，不断地充实、拓展、完善内涵，丰富表现形式，激活文化活力，让历史文化与当代文化、当代社会交相辉映、契合协调，真正展现出跨越时空、超越国界的文化价值魅力。

（二）以课促德

课程是高校立德树人的重要载体。因为它呈现了经过仔细筛选、组织后具有原则性、逻辑性和系统性的知识，而这些知识不仅有助于个体获取专业知识技能，还能促成个体道德的养成。大数据时代下高校德育应该尤其注重提升思政课程及课程思政的话语力，实现思政课程与课程思政的有机统一，进而为个体提供更为全面和更有针对性的德育知识来促成个体的全面发展和道德养成。

一是创新话语模式，提高话语公信力。在教学过程中，要摈弃“独白式灌输”“武断式结论”和“批判式说教”等传统的话语模式，确立以“学生为主”的话语理念，彻底改变传统话语接受者的被动地位，实现“话语客体的主体化”。要在“政治正确”的基础上，对新媒介背景下的大学生的话语特征进行深入的研究，并根据他们的个体需要，设计话语议题和会话互动环节，充分调动学生的思维、表达和体验的积极性。要用年轻人喜欢的、生动活泼的、丰富多彩的话语模式来引导大学生，要通过摆事实、讲案例等模式提升话语公信力。

二是改革话语方式，提高话语解释力。高校教师在实际工作中要坚持“学马”“信马”“真学”“真信”，充分发挥马克思主义基本原理、习近平新时代中国特色社会主义思想的指导作用，加强对学校思想政治工作的把握和控制。要借助新媒体平台，创新话语方式，用恰当而富含正能量的“热词”和新媒体素材解答学生心中的疑惑。特别是思政课教师要旗帜鲜明而又彻底地批判网络上各种历史虚无主义和各种反马克思主义思想，要在新媒体上传播精深的马克思主义理论，使新媒体的正能量更强、主旋律更昂扬。

三是充实话语内容，提高话语说服力。高校教师要把中国共产党革命牺牲的故事、中国人民为实现梦想奋斗的故事和中国改革发展的故事融入课程讲述；要关注“人的生活世界”，讲述既有理论深度又接地气、符合学生口味的生活故事；要及时关注校园舆情，密切关注学生思想行为动态，直面学生的真实思想和心理感受，就大学生感兴趣的热点故事和敏感问题及时回应，深入分析，引导学生逐渐增强网络道德和网络法律意识，提高网络信息辨别能力。

四是丰富话语手段，提高话语吸引力。高校教师应增强责任感、使命感和紧迫感，紧跟新媒体发展的脚步，不断提升信息媒介素养；要以中国特色社会主义为指导，积极推动信息技术与思政课程及课程思政的融合，积极推动“线上线下”一体化、“课上课下”相联动的课堂教学方式改革，比如集成更多数字思政资源，打造沉浸式的线上思政空间，将“输入式”“说教式”转变为“互动式”“体验式”。比如师生合力打造思政视频号，挖掘发布不为人知的思政故事，使学生从“被动听”转变为“主动做”，由此着力实现教学场景迁移、教学效果提升。

（三）以师传德

人作为社会性动物，永远需要一个与他真切交往的道德榜样来时时召唤他们往何处成长、怎么成长以及成长为什么样。从教师的职能来看，教师不仅是知识的传授者，更是学生道德品质形成的关键引导者。从教师对学生的影响来看，学生的社会生活经历大部分都是从学校里来的，教师的谈吐、举止都会成为学生模仿的内容，教师的言行、教育方法和对待学生的态度，都影响着学生的道德观念和人格发展。所以高校教师的道德观念和品行极具示范性。立德树人，教师是关键。教师教育别人要自己先受教育，自己作表率。高校教师要想做好大学生的引路人，就得先做好先进思想文化的践行者。

一是忠诚教育，爱岗敬业。忠诚教育、爱岗敬业的实质就是教师对教育事业的深厚情感与高度责任感，体现为对岗位的无私奉献与对知识的不懈追求。这是党和人民对教师的基本要求。高校教师要热爱教育事业，以高度的责任心和使命感投入教育事业当中，为创建更高水平的教育工作不懈努力。

二是以身示范，做好榜样。作为一名教师，以身作则、为人师表是我们职业的一种传统美德。孔子，我国春秋时期著名的教育家，就曾说过，“其身正，不令而行，其身不正，虽令不从。”唐朝大儒韩愈也曾明确提出“以身立教”的观点，他相信只有这样老师才能“其身亡而其教存”。陶行知，伟大的教育家，也提出了“教师应当以身作则”，“以教人者教己”的思想。因此，“身教重于言教”是一个永恒的道理，至今仍具有重要的实践意义。高校教师应严于律己，以身示范，成为学生的表率和榜样。

三是促进学生全面发展。人的全面发展是人类的崇高追求，也是社会发展的终极目标和最终价值取向。教育是人的全面发展的一种重要途径，它意味着要把学生放在核心地位，关注学生的全面发展、和谐发展、持续发展、终身发展。要以德育为首，全面加强智育、体育、美育、劳育①。要全面实施素质教育，促进学生的文化知识学习与思想道德修养相结合、理论学习与社会实践相结合、全面发展与个性发展相结合，使学生成为德智体美劳全面发展的社会主义新时代的建设者。

四是建立和谐的师生关系。高校教师与学生在情感沟通、价值对话上都有了更大的空间。高校教师要高度重视学生，充分尊重学生、信赖学生，探索研究学生成长规律，从教学的指挥者转变为参与者，从管理的主导者转变为合作者，与学生展开平等对话，构建人格平等、互动民主、氛围和谐的师生关系。

二、树立"全员、全过程、全方位"育人理念

大数据背景下，"全员、全方位、全过程育人"理念的实施关键在于突破师生间单维的教育链条，形成由政府、学校、家庭、社会等多方参与构建的、形式上独立、机制上相互联系的育人场域。

（一）坚持全员育人理念

"全员育人"体系中，学校、家庭、社会是三个主要的"子要素"，都对大学生的成长成才和发展负有责任。因此在"全员育人"的视野下，要用系统的视角和全局的高度审视高校育人工作，将高校、家庭、政府、科研机构、实习基地等各个独立的集群视作一个个子系统，通过大网络、数据流、连接键以及周围的空间、时间、介体、信息共同构成

① 教育部关于切实加强新时代高等学校美育工作的意见［J］. 中华人民共和国教育部公报，2019（05）：19-23.

开放、包容、联动的育人工作有机体和校家、校政、校企、校社等多点互联共通的育人实践模式，在交叉、互动、共话、协同、合作中，实现要素的组合优化与效应整合。

一是以网络育人主体“教师队伍”建设为抓手。互联网时代，诞生了新的事物，也产生了新的问题。网络给高校育人工作带来了广泛而又深远的影响——教育工作者由“训话”转向“对话”、受教育者由“被动”转向“主动”、教育内容由“大众”转向“分众”、教育方式由“单向”转向“联动”。面对这些挑战，高校需要通过培育“共建共享”理念、强化“平等互动”理念、树立“开放创新”理念等路径强化高校教师队伍育人理念；要通过开展网络教学能力提升专题培训、培养教师信息技术应用操作能力、拓宽“网络教研”渠道等路径提升教师队伍网络育人能力。

二是以网络育人主体“管理队伍”建设为导向。信息化时代，高校要深刻认识到管理队伍建设在网络育人工作中的作用，坚持“管”与“育”相统一，通过强化管理人员网络安全培训、网络评论员队伍建设、网络舆情队伍管理制度等路径树牢管理人员网络育人意识；通过开展网络监管人员培训、完善网络监管人事录用制度、建立健全网络监管队伍考核评优约束机制等路径提升网络监管人员专业技能。

三是以网络育人主体“服务队伍”建设为助力。信息化时代，高校要深刻认识到学校服务队伍建设在育人工作中的重要性，坚持“服”与“育”相统一，通过加强服务部门专业人才培养、转变高校服务队伍服务理念、强化服务队伍智能服务技能等路径强化服务人员的互联网思维；通过将运用信息化技术服务列入服务队伍绩效考评的细则中、增加后勤保障队伍信息化服务在绩效考评体系中的权重、搭建高校后勤保障队伍智能化服务质量满意度调研平台等路径完善服务队伍绩效考评体系。

（二）坚持全程育人理念

“全程育人”理念视阈下，强调从学生入学到离校，高校要持续不间断地提供教育价值①。要针对大学生在不同成长阶段的发展需求、思想特点、心理状态，采取课上与课下、显性与隐性、正式与非正式教育等最适宜的组合方案，使学生的知识、技能、人格得到最大提升。比如，“五一”“十一”“端午”“中秋”等节日，虽然学生要按法定安排放假，但学校依然可以通过线上知识传送、网络文化活动参与等方式为学生提供高质量的教育价值。再比如，学校可以针对寒暑假学生不在学校、对自我要求比较松懈的特点，开发假期提升工作安排及相应资源，使学生“离校不离教”。

一是以网络育人贯穿学生“学习过程”为重点。高校要坚持分类指导，梳理开发更多网络学习资源，满足学生从入学到毕业、从每个学期开学到期末、从周末到寒暑假等各个阶段的需求。各专业、各学段，既有共性，又有个性，既有机衔接，又突出重点，确保网络育人体现在课程目标设计、教学大纲修订、教材编审选用、教案课件编写各方面，贯穿于课堂授课、教学研讨、实验实训、作业论文、考试等各环节。

二是以网络育人嵌入学生“日常生活”为关键。东北师范大学思想政治教育研究中心韩萍认为：“生活是思想政治教育的生长点和作用

---

① 梁伟，马俊，梅旭成．高校“三全育人”理念的内涵与实践［J］．学校党建与思想教育，2020（04）：36-38.

点，是思想政治教育的唯一基础。离开了生活基础，思想政治教育将走向虚无。”高校可以微信、网站、抖音等为基础平台，用影视化、艺术化的制作手法，开设网络思政课堂，设置特色育人栏目，深化学生认知情感体验。比如可设置“巾帼芳华”“雷锋活动月”“校友故事”等特色网络栏目，也可以通过“生活化”网络育人实践，利用真实事件和人物故事进行教育，如“小人物的英雄主义”“身边榜样的生活点滴”等，使学生在虚拟网络环境中，感受真实的生命力量和价值意义。

三是以网络育人融入学生“实践环节”为目的。高校要通过建立“高水平”数字化社会实践成果展示平台、“细分共享”的社会实践数字化管理平台、“类型多样”的社会实践智能化活动平台等路径优化学生社会实践管理，展示学生社会实践成果，提升学生参加志愿服务、社会公益、生产劳动、社情调研、见习实习等社会实践活动的便捷度和积极性。要利用就业信息网架起毕业生与单位间的桥梁，利用网络信息资源建构网络时代就业工作的“新模式”，利用网络信息技术创新就业工作的方式和方法，逐步推进毕业生就业工作数字化和低年级学生对就业的早了解。

（三）坚持全方位育人理念

“全方位育人”理念视阈下，高校要在顶层设中坚持一体化发展方向，着力构建“大网络思政”工作格局，将一切工具、形式、方法和手段作为中介，将各中间载体相互联系起来，使教育思想渗透到大学生的学习、生活各个方面。高校要充分运用网络新媒体、三微一端、APP平台、微课慕课、大数据云计算中心等信息网络，为大学生的综合素质自动测评、科学评定奖学金、精准资助贫困生、精品网络文化宣传、网络心理辅导室建设、学生组织信息化建设与管理、征信体制建设等，构建多渠道、多维度、多层次的网络育人模式。

一是以加强高校网络育人“制度”建设为保障。高校要通过建立规范化教师网络育人督导评价体系、完善管理队伍网络育人督导评价体系、健全服务队伍网络育人督导考评体系等路径健全高校网络育人督导制度；要通过建立健全校园网络安全管理制度、构建完善的校园网站建设管理制度、健全校园网络新媒体平台管理制度等路径完善校园网络安全管理制度。

二是以优化高校网络育人“文化”建设为依托。高校要通过加强社会主义主流文化的引导与宣传工作、提高网络思想文化产品的供给与服务力度、加快构建高校校园网络思想文化舆论阵地等路径加强网络思想文化阵地建设；要通过强化校园网络文化空间治理、优化高校校园网络话语体系、加强校园文化绿色网络建设等路径深度净化校园网络文化空间。

三是以完善高校网络育人“平台”建设为载体。高校应通过强化校园网站建设、创新教育网站设计、丰富校园网站的内容和形式等路径完善高校智慧校园网站建设；要通过完善网络教学平台和移动教学软件、开发网络生活服务平台、建立论坛、社交媒体等多种形式的交互式沟通平台等形式形成多元化的大学生网络应用平台，满足学生的学习、生活、社交、娱乐等需求。

三、树立“以人为本”理念

AI、云计算、大数据等技术让教育的场景和供需发生了变化——教学内容更加多元，教育资源更加泛在，受众更加普惠。快速发展的教育技术促使教育行业反思并达成共识，教育科技的内核及本质是为人服务，应该以“人的发展”为准则，树立“以人为本”理念。

（一）树立尊重大学生成长规律的理念

育人工作是社会领域存在的现实活动，它的运行具有普遍性和特殊性。高校教师应从大数据中探究大学生普遍性成长规律和特殊性个体表现，对意识和行为、心理和情绪、环境和人、群体和个体之间的影响机制、本质规律和抽象关系进行解析，在教育内容供给、工作方法手段、课程体系搭建等方面都要将学生个体的生命特质充分考虑进去，把“以学生为中心”的育人理念落实到具体的教育实践中去。

一是在内容供给上落实以学生为本的育人理念。随着大数据的发展，大量的数字化教育资源被推向了应用层，在这个过程中，用户常常会感到头晕目眩，不知如何选择，从而导致大量的资源在生成之初就已经“死亡”。大数据时代下，为了更好更快满足师生的个性化需要，高校应在清楚数字教育资源的数据特点和技术需求的基础上，对其进行再加工，升级形成易用、优质的数字教育资源，使资源供应更有效率、更加准确。例如，更新升级数字教育资源开发利用环境，将各地、各校数字教育资源开发团队整合起来，建立学校、企业等各类资源开发主体，形成“互联网+教育”协同开发模式。例如，高校可以将专业教学资源库、精品资源共享课、视频公开课与其他高校、科研机构的数字教育资源项目进行整合，用云存储技术进行存储管理，剔除重复资源，建立数字教育资源云服务中心，面向所有学校师生提供资源服务。

二是在工作方法手段上落实以学生为本的育人理念。高校要加强信息化基础设施建设，研究和部署互联化的教、学、测、评、管教学设备体系，充分应用基于5G、4K/8K、AR/VR的通信网络和传感基础设施，实现教学管数据采集闭环化、教学决策数据化、学生思维发展可视化、教学过程档案化成为常态；要提升教师数字素养能力，使教师具备应用信息技术设计课程的能力、开展教学的能力、评价学生学业和发展的能力、关照每一个学生个性化需求的能力以及应用信息技术顺畅地开展家校沟通的能力；要将信息化技术融入高校十大育人体系，有效促进五育并举及学生全面发展。

三是在课程体系上落实以学生为本的育人理念。高校要以所有学生的全面发展、和谐发展、终身发展为导向，利用大数据技术，从学生实际出发，"因材施教""因需供给"，提供学习方法类、兴趣活动类、艺术类、生活类、学科类等"线上+线下"课程资源，制定制度，理顺流程，实现课程决策民主化、开放化、广泛化，课程实施均衡化、多样化、综合化，课程评价公平化、积极化、创新化。在课程实施中，高校尤其要注意提升网络课程质量，提升远程学生体验，打造网络课程品牌。比如高校可遴选部分社会评价高的优质课程进行直播教学，直播范围由班级、到学校、再到校外逐步扩展，逐步提升优质课程受众人数和影响力。

（二）强化差异化思维

网络环境下网民文化、直播文化、互动文化的涌现，对大学生的价值认知模式和交互方式造成了持续的冲击，大学生追求个性、出众、互异的性格特征日益突出，这就需要学校为他们提供差异化的教育服务。伴随着大数据、云计算、人工智能等技术的发展与运用，"差异化"教育已由概念走向实际。高校要加强教育主体的差异化思维，引导他们通过大数据，对不同学科、不同学历、不同生源的学生的学习和生活行为进行科学记录，并对其中的规律与联系进行分析和把握，从而分类、分层提供针对性、个性化、差异化的教育服务。

一是从学生的学科特色出发，采用整体把握与局部引导相结合的办法。在教学上，一方面利用大数据技术，对大学生的信息数据展进行聚类分析，对大学生的共性问题准确提取，科学构建大学生的群体画像，以此作为指导，来组织教学活动与实践；另一方结合学科特征，建立课程知识图谱，对与其相匹配的教学要素、育人资源进行智能化的挖掘，从而使教师在教学工具的选用、教学内容的设计、教学方法的选择上，达到事半功倍的效果。在管理和服务上，通过对“一卡通”、教务系统、校园网等数据的实时采集，对学生的行为路线、消费金额、学业成绩、科研成就、实践活动等有一个完整的认识，挖掘暴露的缺陷问题，对其进行相应的调整和改进；还需要将以上数据和学生的专业进行关联分析，对其内部联系进行深层次的挖掘，并针对各学科的属性特征提供针对性的管理服务，如在学校大制度框架下适时地制定出二级学院具体的宿舍管理、考勤考核、评优评先等制度，对学业指导、就业帮扶、心理辅导、贫困资助等方面作出更有针对性的安排。

二是从学生的学历层次出发，采用分层教育与分类指导相结合的方法。一方面，根据大学生群体的学历层次（高职高专、本科、硕士研究生和博士研究生）、综合素质以及培养目标的差异性，运用大数据技术开展测评，全面掌握学生在各个阶段的显著特点，提高教育的层次性和针对性。另一方面，关注大学生的个性化倾向，加强分类引导，对学生大数据进行横向整体分析，明晰分类维度和指标，并对各组纵向深度剖析，发掘其中蕴含的衍生信息及潜在价值，构建大数据分类模型，帮助学校教育工作者依据分类标准有针对性地实施教育策略、设计管理思路、提供服务方案。

三是从学生的生源结构出发，采用定性分析与定量分析相结合的方法。一方面，借助大数据技术，高校教育工作者既可以采用数学统计、概率统计等数理方法，抓住大学生生源结构的鲜明特点；又可以利用线性回归、相似匹配、频繁项集等分析方法，在杂乱无章的数据信息中萃取隐藏信息，深入探索不同数据之间的相关关系，科学预测大学生未来的发展走向。例如，根据学生的专业背景、生源区域等信息，对其未来的就业单位流向与就业地域流向进行智能化的预测，并预先制定科学的就业支持政策，提供具有前瞻性的职业发展课程。另一方面，可以依靠教育工作主体长期的知识经验与逻辑判断，在定量分析的基础上对数据结果进行加工解释，对大学生生源构成所反映的实际问题和成因进行深入的推断，从而有效弥补定量分析的不足。比如，根据少数民族大学生的分布状况，基于定量分析的结果，结合各民族的风俗习惯、宗教信仰展开定性分析，并通过观察、访谈等手段判定现有的工作内容、方法、话语是否契合少数民族大学生的认知结构与思维模式，从而使高校教育工作者更有针对性地完善工作方法。

（三）强化人文关怀

大学生既有生活、学习、交友、娱乐的基本需求，也有被理解、尊重、认同、信任、价值创造的精神追求。大学要体现“以人为本”的办学思想，就必须突出对大学生的人文关怀，即要在“社会”“个人”

两种价值的辩证思考中，注重人的主体性和价值的实现，把人的现代化发展作为思想、目的、内容和形式的归宿，彰显解放人、发展人、服务人的“思维归属”。

一是多途径开展人文素质教育。高校要通过增强人文教学比重、优化人文教学内容、健全人文教育考评机制等路径提升与人文素质相关的教育；要通过组织支持学生参加人文实践活动提升学生人文素养和精神境界；要通过开展社会主义核心价值观教育、激发学生法律素养和道德修养、强化学生心理疏导能力等路径拓宽人文关怀路径。

二是提升高校教师的人文关怀素质。高校要通过提升教师行为素质和思想道德、增强教师专业能力和人文素养、丰富教师教育方式方法、提高教师使命感和责任感等路径提升教师人文精神；要通过增强教师网络道德素质、提升教师网络信息辨别能力、提高教师网络热点关注频率等路径增强教师媒介素养和网络道德素质。

三是完善人文教育工作机制。高校要通过更好开展就业创业指导、贫困帮扶等与大学生个人、家庭利益直接相关的工作提升学生问题解答能力；要通过将人文关怀渗透到思政教育、将人文培育融入信息时代，使人文关怀和现代意识、技术理性与文化力场相互融合；要通过工作内容上更加关注大学生发展、享受、情感、心理、意志、信念等个体需求，工作方式上更加体现艺术化、人文化、细致化，实现网络背景下人文关怀的提质增效、感神化情。

第二节 建设多主体参与的协同育人队伍

一、建设引导有力的领导队伍

在教育领域，从《中国教育现代化2035规划》《新一代人工智能发展规划》《高等学校人工智能创新行动计划》《教育信息化2.0行动计划》等一系列文件的相继出台，到2022年“教育数字化战略行动”的最新亮相，都显示出了党和国家对信息技术促进教育发展的高度重视以及推动教育变革转型的坚定决心。三全育人信息化建设媒介是信息化，目标是促进三全育人工作。为此高校党政、学工及共青团领导队伍是三全育人信息化建设的首要责任人，要把好方向、谋划好全局，统筹协调、抓好落实。因此，领导干部必须认清教育发展新形势，明确教育与信息化融合新要求，根据学校发展实际科学定位，不断拓展理论、提升能力、付诸实践，让大数据赋能下的高校三全育人工作取得新的进展。

（一）领导队伍要培植决策互动思维

在“大数据”和“三全育人”的融合生态中，高校领导者要牢固树立“三全育人工作大数据决策”的思维模式和转换技巧，谋篇全局、统筹各方，用大数据的全体思维、关联思维来强化决策的互动性，建立起多部门领导参与、审议共商、意见融通、共识共建的数据决策机制，在横向上加强各部门的协作，纵向上贯通校院业务衔接，厘清人才培养的问题和任务，抓好责任清单落实，促成高校三全育人工作决策的主体主动、知识互动、思维跳动、时空联动、媒介推动。

（二）领导群体要塑造党政协同智慧

在大数据背景下，高校党政协作有利于优化三全育人工作领导系统的内部关系、组织结构和工作方式。所以，党政领导班子要主动地建立起党政协同的思想，把党委领导和校长主管两位一体的关系有机地融合起来，把三全育人工作和学校的中心工作紧密地联系在一起，在教学、科研、师资建设、学生管理等各领域，利用学校官网、两微一端、微信小程序等载体拓宽党政两大主体共同探索、研究和商讨的渠道，以导带行，以行促导，让校长在党的领导下展开工作，又以行政业务的工作反馈来促进领导班子的建设，激发党政“群体智慧”与“协同智慧”，从而实现党委统一领导下，党政共同参与的大协调发展。

（三）领导队伍要树立“受众思维”

大学生是高校三全育人的客体，大学生的需求能否满足是决定三全育人工作目标是否实现的关键因素。为此，高校领导要积极深入基层，以“客体视角”“受众思维”指导工作，注重运用网络热词、网络流行语、热点话题、表情包、动图等网络大数据，对大学生的兴趣指向和思想行为演化规律展开深入研究。在同大学生谈话时，要把宏大叙事和微观生活结合起来，把理论阐释和生动事例结合起来，把书本道理和诙谐趣事结合起来，把中国故事和身边小事结合起来，以贴近生活的、通俗的、年轻的话语来增强话语的生命力，与大学生进行哲理探讨和感情交流，使大学生发自内心的共情，以此不断提升三全育人工作的亲和力。

二、建设协调配合的教师队伍

高校应当充分利用大数据技术，使不同学科、岗位、阶段、层级的教师基于内部机制和结构实现横向联动、纵向对接，使主体协作从无序转为有序、从个体转为团队，在“守好一段渠，种好责任田”的共同努力下构建一个开放、互动、平等、共享的交流与对话机制，突破思维、学科、院系、课堂之间的壁垒，组件教师协同团队，为大学生成长成才铺路领航。

（一）把握好辅导员与思政课教师的协同

立德树人，以德为先。高校思想政治工作的主体是辅导员和思政课教师，两者的工作性质、职责和目标是一致的。因此，高校要利用大数据、新媒体等技术为这两大主体的合作搭建平台、创造条件，使二者的协作模式得到进一步优化，促进二者互动互助，在提升辅导员的马克思主义理论素养的同时，也方便思政课老师对学生的行为、思想及要求进行及时了解，使提升日常管理服务育人的温度与强化思想政治理论课课程育人的深度同行同步，实现双主体育人力量同频共振，引导学生德育向纵深发展。

（二）把握好思政课教师与专业课教师的协同

思政课教师和专业课教师共同担负着课堂育人的重任。其中，思政课教师对大学生的思想理论认知起到了主导作用，而专业课教师则引导着学生们的专业认知。在大数据背景下，加强思政课教师与专业课教师之间的合作，要加强教师微信群、QQ 群、公众号、OA 在线、网络直播室等平台的建设，促进思政课教师与专业课教师在学科内容、科学技术、科研、思想、数据等方面的共享、交流与探讨，通过聘任、轮岗、邀请等形式，开展“精彩一课”、学术沙龙等活动，促进双方在课程内涵上的研讨延伸、在授课技巧上的对照借鉴、在带教班级上的交流对症，以达到提高教学能力和教学效果的目的。

（三）把握好辅导员与专业课教师的协同

辅导员负责学生思想、心理、生活等方面的教育管理，是学生生活中的良师益友。专业课教师负责学生专业、学业、职业等方面教授，是学生成才的专业导师①。大数据背景下加强辅导员与专业课教师的协同，要制定协作制度，明确协作内容，划分责任分工，理顺工作流程，构建一体化育人平台，使辅导员与专业课教师在课前考勤、课中互动、课后自习、学习态度、学风建设、考风监督、职业规划等方面同研究、共出力，不漏掉任何一个学生，不回避任何一个问题，形成针对每个班级的协作数据流，避免协作成为“空口之谈”，使协作真正产生效益。

（四）把握好辅导员与其他教师的协同

高校三全育人工作队伍除思政课教师、专业课教师和辅导员之外，还包括行政管理人员、心理咨询人员、后勤人员等。大数据环境下，高校应进一步推进大数据技术与三全育人工作的深度结合，加快建设一个涵盖教学、学工、团委、党务、后勤等多种功能的智慧校园系统，强化对学生的引导、教育、管理和保障等职能，打通师师、师生、生生在时间和空间上的互动渠道，开发出场景、文化、活动、网络、资产等隐性育人资源，实现对学生教育管理的数据化、信息化、无痕化和全面化。

---

① 蔡占玲．“双专”模式下的专业辅导员设置［J］．山西大同大学学报（社会科学版），2022（2）：122-125.

三、建设协同互助的校外队伍

高校育人工作具有社会性、开放性、整体性等特征，它的产生、发展和变革除了内部动力的驱动外，还受到外部的社会环境、经济形势和国际局势的影响。校内外力量合力协作，是互联网时代高校育人工作转型的趋势，是三全育人工作创新的必由之路。高校应有大格局、大视野、大情怀、大智慧，要建立“大协同体”，以高校为主导，涵盖校内领导、教师、家庭、实习基地等群体，基于信息化、数据化、网格化的三全育人工作网络，实现学校与家庭、社会基于分布时空的同步育人。

（一）构建家校协同育人队伍

家庭教育与学校教育的不同之处在于，学校是一个自觉承担教育任务的机构，而家庭主要成员则是在自觉或不自觉地影响着子女。且家庭教育常常是在父母的语言或行为中体现的，它有着长期性、反复性、隐藏性等特征。因此在一定程度上，家庭教育影响着人的一生。高校应利用好家庭成员之间特有的情感纽带，充分运用融媒体、大数据交流、云计算传导等技术，构建“家校合作网络”“网络家访”“远程互动”“线上理论宣讲”等信息化、网络化、数据化的家校联动育人机制，推动学校教育和家庭教育在空间上的交叉和时间上的同步。比如，组织学生与家长定期畅谈，讲述自己在校学习生活“喜”与“忧”。组织辅导员与家长定期对话，了解学生成长经历、成长事件、成长困扰，传授引导家长因势利导，不局限于学习成绩、生活费的“三两问候”，而是生活、学习、社交等全方位了解，沟通、协作、配合双向互动，逐渐引导学生对家庭、婚姻、生命、人生、生活等形成全面、深度的认知。

（二）构建校企协同育人队伍

充分利用企业在高校育人工作中的效用，是实现育人目标的重要途径。为加速产学研结合，可建立同步、智能、交互的产、学、研三位一体的育人网络，为学生学习、实习、就业搭建大数据网络平台，并通过“创客空间”、孵化园、实验室、联合培养等方式，在人才培养、科研项目、技术攻关等领域开展更广泛的合作。在大数据背景下，学校与企业的协同育人要注重对大学生的分类培养，要统筹利用理论与实践、校内与社会、第一课堂与第二课堂等多种教育资源，共享优质数据、智库、平台、技术和资产，促进课堂育人与实践育人的反馈、互补与转换，创造性把高校培养人才与行业运用人才的需求进行精准化的前端对接，使大学生的思维创造能力、实践能力、求职能力、专业素养、学科兴趣、团队精神、社交技巧、职业规划意识等得到全面的提升。

（三）构建校政协同育人队伍

对于人才的培育，政府不仅要“管”，还要“引”，而且要承担参与、协助、配合的责任。在智能、创新、颠覆、互联、开放的大数据浪潮中，高校应主动寻求政策支持，构建目标协同、主体互动、智慧共享的协同育人共同体。在传统经济情境中，国家会依据经济发展水平与期望对教育进行管理，学校高度依赖于国家，形成“政府包办教育，学校依附政府”的局面。在教育技术快速发展，教育自主性逐渐觉醒的时代背景下，高校应转变思维，主动作为，与政府合作由“依附”转向“联动”，与政府关系既相互独立，又互相扶持。一方面将高粘性、高契合度、高价值的大数据导入学校，加速有效数据在三全育人工作中的传导与转换。另一方面在政策协商、决策共享、监督联动、评价共识、方案共建、责任同担、目标共教等多个层面上，为大学生提供基层挂职、顶岗实习、支教扶贫的专业化、精准化对接服务，既充分发挥政府对高校育人工作的引导、管理、监督、调控和激励，又运用政务工作的专业性、严谨性、服务性来育人育心。

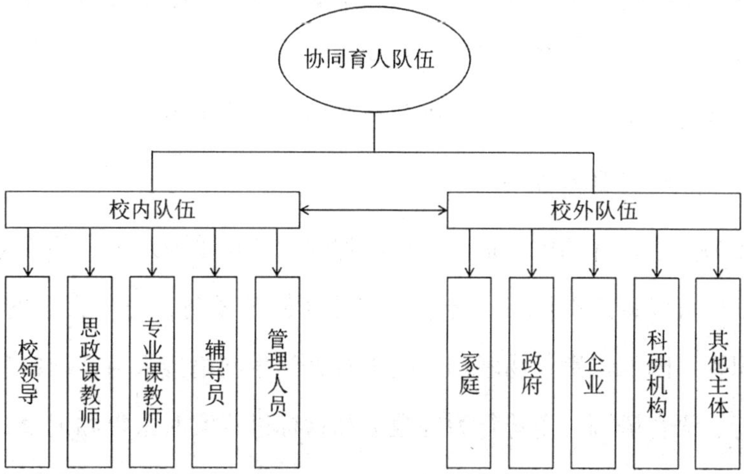

图 5-1 协同育人队伍

第三节 搭建多式聚合的信息化平台

一、搭建精准化教学平台

大数据正深刻影响着教育行业。通过大数据进行精准的学情诊断、个性化学习分析与决策支持，对于提高教育质量、促进教育公平、优化教育管理具有重要的现实意义。大数据已成为推动教育现代化的重要支撑。基于学生信息、学生画像、智能评估和反馈系统的支持，高校大数据教育平台可实现数据收集与验证—算法建模—内容供给—学情反馈。充分发挥大数据实时记录、精准分析、高速运算、自主智能等特性和优势，搭建精准化教学平台，为教育教学提供先进的技术载体和方法，可促进主体、资源及平台的同步运转和协同。

精准化教学平台运行的思维路径基本上分为以下几个步骤：

（一）数据抓取和采集

作为大学教育的主阵地，高校应加强大数据平台对教室的信息化管理。学校可以利用摄像头、传感器、计算机等设备，通过大数据抓取、语音识别、图像识别、物联网等技术对大学生网络接入与互动信息、面部表情、语音语调、姿势行为等数据和指标进行实时采集和记录，建立由大数据、物联网、电子摄像头、监控器、教学 APP 等构成的信息传输链条，形成课堂数据流闭环管理，对学生上课出勤、答疑、作业、课堂状态等数据编辑与归档，并自动编辑电子助教手册、课堂云方案等，辅助教师开展课堂教学管理。针对信息传输链上收集到的异质非结构化数据，一般需要对其进行清洗、抽取、解析、转换、验证等处理，并按照预设的标准与路径生成“数据仓库”，而多个“数据仓库”排列组合构成学生信息大数据，则为精准化教学平台的服务提供了数据支持。

（二）用户学习画像构建

大数据的精髓在于个性化定制与精准服务，在对学生数据进行准确归类、快速整合之后，通过精准化教学平台的关联分析与聚类分析，迅速锁定大学生全部相关信息，并以此为基础，通过一系列的个性化标注，建立大学生用户的学习画像和可视化模型。

（三）学生学习资源推送

基于大学生用户学习画像，研究不同年龄层次、专业类别的大学生在学习习惯、兴趣、偏好、规律、需求等方面的差异与共性，进而对学生学习行为的发展趋势进行研判。以大数据技术和网络平台为基础，连接学校数字图书馆、慕课、学习等线上平台，提供与学生需求相适应的教学环境、视频、课程及配套 PPT 等教学设计以及随堂测试、习题交流、小组讨论、头脑风暴等学习服务，使网络学习资源的教育价值得以充分发挥，使在线学习与课下学习模式良好对接、互动、平衡的关系得以实现，从而促进大学生的学业发展。

（四）学生学习效果反馈

高校应建立一个科学的教学评价模型，通过对学生各科目表现的同步跟踪、切换和查询，数字化把握学生的学习进度。在此基础上，通过大数据的仿真和运算，对学生的行为、心理和情感等多维度的动态变化进行感知，并对学生的学习成果进行自动检测，生成学习报告，辅助教师对学生的教学结果进行反馈，为学生提供“个性化”的学习指导，实现“教”与“学”的协调互动，更好地指导学生的学业发展。

二、搭建信息化管理平台

在大数据时代背景下，以“数据驱动管理”为特征的高校教育管理模式正在形成。高校要与时俱进，加快推进信息化管理平台的建设，提升协同育人体系中管理要素的供应和服务，建立起教务、学工、党委、团委、后勤、就业等多个部门参与的网络化、智慧化协同管理模式，把大数据技术融入教学、实习、科研、生活、交友、舆情控制等各个方面，把科学性、安全性、规范性的要求贯彻到实际当中，促进大数据的理论发展与实际应用，提高管理的效率和质量。

信息化管理平台运行的思维路径基本上分为以下几个步骤：

（一）数据获取与处理

高校信息化管理平台目标是“管理”，手段是“信息化”。为了实现智慧管理决策的目标，平台数据应涵盖教学、生活、交友、舆情等方方面面。相应地，平台要采取数据去冗余、数据脱敏漂白、文本挖掘等技术对教务、学工、网络、科研、后勤、实习等多源数据进行处理。

（二）数据比对预警

如何借助大数据提升育人成效，关键是看信息化教育、服务、管理能不能满足学生的学习、生活等多方面需求，能不能为学生解惑，能不能形成一种为学生解决实际问题的机制。高校信息化管理平台要强化预警功能，将数字权限分配给教师、系统管理员、辅导员和班主任，让他们能够在任何时候获得相应权限的学生资料，进而与学生进行信息交流、比对、检验，尽早发现大学生思想、心理、健康、行为问题苗头，形成预警学生名单，发送相应学院及教师，以此学生行为得到精准的干预，学生帮扶的关口得以前移。

（三）辅助管理决策

对校园中的舆情事件、校园安全事件，运用大数据进行预警、溯源追踪、评估影响，监测舆情的传播速率和演化态势，及时有效地控制和化解危机。针对学校经费、设施设备、教室场所、图书馆藏等，建立资源管理数据库，实施信息化管理。对于科研工作，高校还可借助信息化管理平台推进科研育人与资源共享。比如运用大数据技术对科研项目的可行性和价值性开展智能评估，均衡分配科研资源。比如运用大数据技术对科研数据、实验结论开展核验评估，促进科研的真实性与严谨性。

三、搭建智慧化服务平台

大数据有望促进高校育人工作功能更加多元、调控更加即时和信息更加共享。搭建智慧化服务平台，很大程度上能丰富完善高校教育服务体系，提升高校服务价值。高校应深化教育服务意识，充分利用大数据及技术，多渠道传播、多平台展示、多形式供给教育服务，实现育人服务的智慧化、信息化、网络化、精准化，同时也增强大学生的获得感。高校还应注重与其他多方主体合作，广泛利用资源，使育人资源丰富全面，源源不断。

智慧化服务平台运行的思维路径基本上分为以下几个步骤：

（一）学生需求调研

智慧化服务平台设计前，须对各学院、年级学生展开广泛调研，详细掌握学生生活、文化等各方面需求及供给形式，充分发挥大数据解决问题的能力，充分利用学校现有资源，探索“线上+线下”联合机制，实现平台服务精准化供给。

（二）学生服务供给

生活服务方面，开辟“新生指南”“生活小贴士”“二手市场”等便民专栏，方便学生生活。思政服务方面，开辟“心理热线”“党建之光”，并举办知识竞赛、微视频比赛等思政专题活动，提升学生思政引领。文化服务方面，增加地方文化推送，加强与校园文化的融合，形成线上、线下延续互动的文化氛围。

（三）学生服务反馈

学生服务反馈与收集是智慧化服务平台能否持续为学生提供优质服务的关键。平台要高度重视学生意见反馈，通过问卷、座谈、调研等形式收集平台是否满足学生生活、文化等方面需求，是否还有改进空间，并及时将反馈意见应用到平台的服务整改中，不断提升服务门类与质量。

四、搭建自主化记录平台

自主化记录平台是以学生为主体，教师、同学、家长共同参与的记录平台，其有利于发挥学生的主体作用，促进自我管理；有利于加强师生交流互动，提高管理成效；有利于创新评价模式，优化人才选拔。

自主化记录平台运行的思维路径基本上可归纳为“四个群体、六个环节、四个阶段、两个平台”：

（一）四个群体，指大学生本人、家长、老师、同学。学生本人是记录大学生成长活动的主要主体，这也能凸显大学生自我管理、自我教育、自我激励、自我反思的主动意识。但为了客观、全面记录学生的成长，将家长、老师、同学的评价纳入成长记录册，协同促进学生的成长管理教育。

（二）六个环节，可总结为预想、预演、体验、反思、总结、改进。预想指做事的计划、步骤。预演指对计划进行模拟，初步验证计划的可行性。体验指在真实情境中体验，记录最刻骨铭心或最有成就感的点点滴滴。反思指反思过程中哪些做得比较好？哪些可以改进？总结指对失败、成功经验的总结。改进指对整个过程的改进，如果再来一次，怎样做得更好？

（三）四个阶段，对应于学制的四年（多数专业的学制为4年，也有部分特殊专业学制更长）。一年级侧重于引导学生从高中生角色转变为大学生，适应大学学习生活，形成职业设想。二年级、三年级侧重于培养学生的学习、交际自主能力，强化自我教育、自我管理、自我服务意识，并对成长计划进行调整、升华，激励实现目标计划的决心。四年级则对照社会用人要求，促进大学生提升社会阅历，实现计划目标。

（四）两个平台，指在大学生成长记录的实施中，既要利用线下传统教育资源，又要发挥线上现代信息技术优势，用学生喜闻乐见的形式，打造图文并茂、音频视频兼容的多样化、立体化管理系统。

五、搭建共享化案例平台

共享化案例平台不仅能促进教师之间交流，提升师资队伍水平；也能促进学生管理方法的创新，提高教育管理效率；还能通过真实的案例，使学生对教育管理入脑入心①。共享化案例平台中的案例可将本校及外校案例都囊括进来，本校案例近在眼前，学生内心会更容易推人及己，深受其教。高校也可探索在条件允许的情况下，邀请案例当事人现身说法，使教育效果最大化。

共享化案例平台运行的思维路径基本上分为以下几个步骤：

---

① 蔡占玲．高校辅导员育人案例资源库建设的路径［J］．山西大同大学学报（社会科学版），2022（6）：139-142.

（一）案例输入

案例数量的多少及质量优劣对高校育人案例资源库的建设影响很大。但实际上，收集而来的案例质量参差不齐，在所难免。因此高校育人案例资源库的构建，首先应当特别注重案例的收集、整理、分析，使纷繁复杂的案例经过整理分析，具备层次性、典型性、现实性等特点。第一，案例应当具备层次性特点。案例经整理，应标识学院、年级、专业、案例类型等多种特征，方便师生根据问题需求多角度检索。第二，案例应当具备典型性特点。高校的大量育人案例没必要都罗列到系统里，可将典型的具有更多借鉴警示意义的案例简洁明了地呈现出来，增加案例的使用效益。第三，案例应当具备现实性特点。在获得当事人许可的情况下，将当事人的真实信息以最高权限的形式储存到系统里，必要时让相应权限人邀请当事人现身说法，通过"身边人"说"身边事"，进一步增强学生对案例的信任及借鉴意愿。

（二）案例共享

案例库发挥作用的关键即是共享。第一，在共享化案例平台的构建过程中，要加强宣传，尽可能让更多的学生认识到平台的作用。尤其是可通过发动学生参与案例的收集整理、向学生发放使用建议问卷等方法，为共享化案例平台造势。第二，高校可通过将共享化案例平台链入教学平台、生活平台等学生使用率较高的网络软件平台，提高学生对共享化案例平台的关注度。第三，共享化案例平台要保护好学生个人信息，对学生姓名、学号等关键信息隐去，打消学生关于信息泄露的顾虑。

（三）案例反馈

共享化案例平台的试运营中，高校应当定期向师生收集意见建议，然后反馈于平台建设公司，使平台不断完善，成为师生愿意使用、容易使用的好平台。

第四节 构建多层贯通的三全育人信息化体系

一、构建思政课程与课程思政相统一的课程体系

立德树人，以德为先。思想政治教育是高校教育工作的重点。因此，高校要加快其他课程与思政课内容互补、结伴同行、共享发展，构建思政课程与课程思政有机结合的课程体系。课程育人的双重支柱——思政课程和课程思政，在显性和隐性的层面上各自发挥着独特的作用。从本质上来说，课程思政与思想课程都属于德育范畴，二者既有不同之处，又有共同之处。高校要善于利用大数据技术，为其他课程与思想政治理论课的在思政资源、师生数据、教学方法、技巧经验等方面的共享创建渠道，比如建立课程思政专门化结对制度和常态化共享机制，以此促进思政课程从其他学科的学理和思维中汲取营养，也更好地推动“课程思政”建设。

（一）构建对接机制，破除专业壁垒

一是构建教研室对接机制，促进思政课教师与其他任课教师融合。思政课专职教师按所教学生的专业固定整合到不同专业教研室、按月参加专业教研会议、结合教学目标参与多个专业教研工作、形成“混编

教学教研队伍”等。

二是构建课程互助服务机制，促进思政课程与其他专业课程融合。思政课教师和专业课教师共同开发公开课、示范课，联合开展“思政课程”和“课程思政”互助式研究及说课比赛等。例如每半个月举办一次思政与专业技术发展和课程建设研讨会，促进“思政”跨专业研究。比如在课堂上，利用大数据来捕捉和分析所授课程中的思政元素，构建思政元素的可视化模型，使老师知道需要对课程进行哪些补充、延伸和改造。

三是构建支部定向攻坚机制，促进党建与业务融合。每个月党支部联合召开“教学改革克服困难研讨会”，围绕共性问题，难点堵点，汇聚党建和业务智慧，使思政骨干队伍与专业课教师共同研究“课程思政”，使专业课教师对学生性格、成长经历甚至班风、学风等有更多的了解，在课程讲授中的价值引导更有针对性，凭借专业知识讲授做人做事的道理，用专业语言、内容和技巧增强学生获取思政元素的亲近感和获得感。

（二）设计课程体系，体现思政融合

一是对不同专业大类的学生设置相适宜的思政课课程标准，从顶层推进思政课的教学设计。比如在学科的专业知识、素养情怀、技能要求、学科精神等方面，将学生的思想价值引导与道德教育需求具化，从而与思政课程在内容上形成互补。

二是通过“思政学情分析”“集体备课”“教学比赛”等方式对思政课课堂、专业课的教学设计进行优化。思政课及专业课教师要按照学科的逻辑结构，对所教专业在教学模式、时间配比等方面进行整合创

新。比如创建思政融入专业浸润式教学模式。比如优化“导入—目标—前测—介入—后测—小结”时间配比。比如通过场景化浸润式教学使意识形态“附加”向专业“必然”转化。

三是在教学实践中将思政课和专业课进一步融合。动员思政教师作为第二指导教师指导学生顶岗实习、假期实践等专业实践教学活动①，使思政教育从学校延伸到社会，从理论拓展到实践，引导学生更好体会家国情怀、专业使命、社会责任。

二、构建社会实践与创新创业相贯通的信息体系

协同育人视角下，构建社会实践与创新创业相融合的实践体系在高校育人工作中具有重要作用。高校组织大学生参加社会实践，就是要在知识与行为之间进行转换和迁移，将理论思考转化为行动意识，在实践中提高学生的理论认识，并使学生内化为自身的价值标准和道德规范。而高校鼓励大学生创新创业目的是让大学生在创新创业项目中充分利用自己的创造力、自主性、事业心，增强他们敢于创新、积极进取、自力更生、终身学习的观念意识和能力。从实质上讲，社会实践和创新创业具有共同的目标，即是理论到实践的转化。高校应借助大数据技术，促进理论解释实践与实践升华理论，使大学生社会实践与创新创业实现双向驱动。

（一）社会实践与创新创业目标融合

大数据视阈下高校要深刻认识社会实践育人与创新创业育人在目标

① 蔡占玲．医校协同促进见习实习医学生党员教育管理的路径探析［J］．山西大同大学学报（社会科学版），2024（1）：148-151.

上的内在联系，既要立足于高校实践育人的基本要求，在社会实践中主动运用大数据、云计算、5G、人工智能等新科技，加强对大学生创新意识、知识、能力、人格的培养。另一方面，又要将大学生创新创业纳入社会性和科学性实践活动，在创新创业的培育中注重拓宽学生的专业知识范围、提升学生的认识与服务社会能力、强化学生的社会责任感。

（二）社会实践与创新创业思维融合

社会实践与创新创业都是大学生锻炼本领、走向社会的重要途径，在思维上也应进一步融合。比如学校共青团委、就业部门、学生社团、创业指导中心、产业学院等部门的负责老师，要把大学生的社会实践和创新创业当作一个整体来看，在主体、内容、信息、资源、活动、平台、评价等方面，强化这两个方面的合作，特别是要通过新媒体、互联网等方式拓宽合作的渠道。高校还要积极培养学生的交叉思维能力，使学生在社会实践与创新创业的结合中养成创新精神、提升实践能力。

（三）社会实践与创新创业过程融合

在过程和时间上，社会实践与创新创业往往是延续的。高校应与企业主动建立合作关系，将生产活动、志愿服务、基层锻炼、调查实验等初级的学生实践与创业发展、科技发明等高级的创新创业相结合，设立社会实践与创业联合基地、研修基地、众创空间、示范项目、前沿工程等，并引导不同年级、学历的学生参与到基地项目的实践与创新中来。教师则应基于大数据模型分析和情况预判，分类编制融合社会服务与创新创业双重指标的操作规程、学习任务、管理办法，使大数据优势在过程指导和综合评价中得到更好的体现，提升实践育人的效果。

三、构建教师管理与自我管理相结合的管理体系

大数据及技术不断影响着教育的主体、方式、路径等方面，也推动着教育朝着信息化、现代化发展。管理主体上，学生从管理对象向管理主体与对象双重身份转变。管理方式上，从权威硬性约束向民主服务引导转变。管理路径上，从单向执行向双向协同转变。高校管理主体要根据大数据环境下的管理发展趋向和特征，转变管理理念、角色、方式、模式，更多充当引导者和服务者的角色，注重发挥大学生的自治功能，激励大学生积极参与到学习、生活、情绪管理中来，从而实现教师引导与学生自治、学生成长与教师发展的协同①。

（一）学习管理方面

高校教师要善于利用用大数据识别大学生在学习中遇到的痛点和难点，建立分层化、立体式学习管理体系，注意管大放小、管主放次，编制详细的学习计划、课程内容、课堂纪律及考核方式，并通过教学APP、QQ群、微信群等渠道进行公布。此外，教师还应当充分发挥班长、学习委员及学习小组长的管理职责，引导他们对违反课堂纪律的同学进行指导、提醒与劝诫，以帮助其养成良好的自律性和学习习惯。

（二）生活管理方面

高校教师尤其是辅导员、班主任应通过网络平台和大学生保持密切的联系，通过隐性、间接、无痕的方式介入学生生活管理，向其传授生

① 中共中央国务院发出《关于进一步加强和改进大学生思想政治教育的意见》［N］. 人民日报，2004-10-15.

活贴士、人生经验、处世哲学等，积极带动大学生形成乐观向上的生活态度①。学校校院两级的学生会、社团也可以通过开设微信公众号、抖音号、微博号等新媒体账号，构建育人“微阵地”，发布有关生活常识、运动健康、人际交往、科学哲学、人文历史、对外交流等信息内容。班干部、学生党员、宿舍长也应当主动发挥先锋模范作用，关心帮助同学，与同学共同面对难题，一起成长蜕变，形成健康的生活方式、习惯、态度。

（三）思想管理方面

高校教师尤其是班主任（辅导员）要准确掌握生理大数据在人类情绪识别中的运用分析，准确了解大学生的情绪状态及成因，开通网上心理咨询热线、互动专区，及时对学生进行心理疏导和帮扶。高校还可以发挥同辈帮扶的作用，引导大学生帮助同学转移能量、调节情绪，使对学生的思想关怀形成一个多层次的帮扶体系。

第五节　建立多元联动的三全育人信息化建设制度

一、建立运行高效的激励机制

激励机制在管理体系中至关重要。高校应当主动思考重构在大数据

① 习近平．在北京大学师生座谈会上的讲话［N］．人民日报，2018-05-03（002）．

环境下三全育人工作的激励体系，采取差异化、层次化、多样化的激励举措，使各部门学院、各主体能够主动运用大数据思维和方式分析和解决问题，使信息化技术成就育人工作，育人工作推动信息化发展。

（一）确立差异化激励目标

高校应当从国家人才培养目标及社会需求出发，针对大数据时代三全育人工作的实际情况，把激励目标与高校数字化变革、信息化建设、育人理念等紧密结合起来，确保激励政策与高校三全育人信息化的顶层设计相匹配。在制定激励目标的时，高校可对大数据统计，分析总结师生的共同需要和个人差异，按照群体、阶段、学科设置不同的激励目标，提升师生强化信息化能力的主动性，使激励目标成为高校信息化发展的“催化剂”。

（二）设计层次化激励内容

高校应当设计层次化的激励内容激发师生活力。针对教师画像所反映的性格、兴趣、思维、知识、技能、经验、成果等标签，设计适应不同类别教师的激励内容方案，具体体现为在职务晋升、职称评聘、评优评奖、课题支持、访学交流等方面设置相适宜的指标。针对学生画像所反映的性格、兴趣、学习、心理、消费等标签，设计不同类别学生的激励内容方案，具体体现为在奖助学金、党员发展、三好学生、优秀班干部、优秀毕业生、出国交流、就业保研推荐等方面设置相适宜的指标。

（三）实施多样化激励形式

高校应当充分利用大数据技术，准确理解把握学生内在需求差异，设计物质与精神的、显性与隐性的多种激励措施的最优组合，促使家校社同向同行，用信息化推动全员、全方位、全过程教育工作。比如，为鼓励学生志愿服务，设计多项可选激励指标，参加志愿服务累计达一定时长的同学可以选择团委推优或三好学生推荐，对团员、非团员提供同等激励内容，有效提升非团员同学参加志愿服务的积极性。比如，依据学生数据构建的学生画像，对经济困难学生参加志愿数据，可选择物质补贴或精神奖励。

三、建立导向鲜明的评价机制

大数据评价是基于海量动态数据的，其反馈出的信息高效、客观、多样，能更加全面、精准地反馈高校三全育人的成效和存在的问题，从而促进三全育人工作的完善和改进。高校应当应用大数据技术，创新优化育人工作的评价模型、评价过程及评价反馈，形成适应教育规律、适应时代发展、适应学校情况的评价新范式。

（一）创新优化评价模型

每个大学生在教育、生活、消费、信用等方面的数据表现都不同，其内在原因是家庭、文化、专业、经历、智力、情商的差异。所以教育表现评价模型也要根据不同的人而设定。学校应把学生日常出勤、小组讨论、随堂测试、上机考试、生活行为等数据都纳入数据库统一管理，结合学生基本情况、个性特点、接收能力的差异，精细考量设置各项评价指标，形成科学、精准、客观的评价模型。同样，每个教师学习背景、工作经历、性格爱好、擅长领域都不相同，传统的唯一考核指标体系并不适用所有人。高校应当基于教师学历背景、教学工作量、科研成绩等大数据划分教师类型，对不同类型的教师设置相适宜的考核指标体系，使考核真正起到激发教师活力的作用。比如，对教学为主型教师、科研为主型教师、教学科研型教师分别设置不同的量化指标要求，使不同类型的教师立足专长、发挥专长。

（二）创新优化评价过程

大数据不断被生成，又不断被解析，具有实时、动态、可视化等特点，能连续追踪和比较分析教师的施教过程和学生的学习成效，对教育工作的改进具有重要参考意义。高校可借助数据模型对教师和学生存在的长期性、阶段性、偶然性问题进行诊断并对其潜在风险进行分析，从而提供针对性的建议和引导帮助。高校还可根据学生的问题需求及兴趣点，运用大数据技术，推送相关的知识、案例，让学生有更多的资源学习、结合、探索。此外，高校应注重培养大学生自我评价、自我反思、自我促进的习惯，提升大学生的自我管理、自我教育能力。

（三）创新优化评价反馈

评价反馈是工作改进的源泉，工作改进是评价反馈的目标。高校应完善育人大数据评价的反馈路径，考量评价机制各环节的联系，从整体和关键节点多个维度对学生的观念、思想、心理、价值观变化进行评估，从多维度和视角对各主体、环节、方位实施的三全育人工作效果给出客观的结论评价。通过对目前的工作成果和大学生综合发展的价值目标的对比分析，发现差距和原因，在此基础上提出现实性、预见性、发展性的建议，并将其反馈到育人的思路、内容、方法、载体等各个方面。

四、建立支撑有力的保障机制

在大数据背景下，大学教育在内容、规模、价值、影响等方面都与传统模式产生了很大程度的分离，因此需要新的保障机制来支撑和服务发展。尤其大数据浪潮下大学生信仰和价值取向的多元化对育人工作提出了更大的挑战，制度、组织、信息安全等方面的保障缺陷暴露了出来。高校应当加强保障机制建设，在保障机制的宏观设计、细节落实、问题反馈等各环节及全过程，用技术、环境、秩序、制度保障和支持教育工作的实施以及人的合理与合法性需求得到满足。

（一）加强制度保障，明确数据规范

高校要推进大数据及信息技术在教育领域的应用创新，首先应当着力加强顶层设计，规范数据的采集、共享、应用及技术的开发和平台的搭建，尤其是进一步清晰规范对大数据与高校教育的融合视角、载体、方式和方法，使制度与技术并行发展，也提升大数据解释、解决高校教育问题的能力。高校还应通过信息化网络密切学校、家庭、社会等主体的联系，使各方主体共同参与到育人工作中来，形成高校牵头、各方参与的育人工作格局。

（二）加强组织保障，设置专门机构

在构建高校信息化协同育人统一战线中，组织群体的建设至关重要。高校应当专门成立一个负责信息化协同育人工作的机构，由校党委书记和分管信息化建设工作的副校长共同对信息化协同育人工作开展统筹规划，从全局确立信息化协同育人的目标规划、总体方案及评估条件，用信息化技术调控优化协同育人的联络、协商、监督、反馈机制。组织部、宣传部、学工部、共青团、网络中心、二级学院等是信息化协同育人工作的内部组织力量，要组建成立涵盖以上部门的信息化建设工作小组，定期召开专题会议，深入交流，解决问题。此外，高校还可以

通过设立专门的对外联系机构，与家庭、政府、企业、社会名人、著名校友、学术大咖等外部力量展开长期合作，保障外部力量对学校教育持续产生积极作用。

（三）加强安全保障，保护数据安全

大数据在给人类带来惊喜的同时，也引发了诸如数据泄漏、数据丢失、隐私侵犯、数据伦理、版权争夺等问题，使得高校信息化协同育人工作变得更加复杂。因此，加强学校信息系统的安全保障是非常必要的①。高校是数据管控和保护的责任主体，应当对教师和学生的个人信息进行技术上的加密，对信息化教育平台进行严格的访问管理，包括建立密码认证、手机认证、问题认证等，利用大数据检测、识别和分析技术对外来访问者的数字身份进行检测，健全实时预警、拦截和举报机制等等。同时，通过过滤萃取、传输加密、安全情报等手段，确保数据不被窃取、篡改和删除，保证数据的安全存储、传输和共享。另外，高校应在数据采集、交换、使用等方面，制定出清晰的授权范围与规范，保证信息化教育各项工作都在数据法律与道德规范的约束下进行。

① 审时度势精心谋划超前布局力争主动实施国家大数据战略加快建设数字中国[N]. 人民日报，2017-12-10（1）.

第六章

三全育人信息化建设系统设计

第一节　高校数据

与“三全育人”相对应的是全员、全过程、全方位数据。在高校，全员数据指教师、后勤人员、学工人员、党务人员、学生等校内人员及家长、科研基地、实习基地、实践基地、企事业单位等校外人员在教育管理学生工作中所形成的数据。全过程数据对学生来说，指从学生入学的第一天，到学生毕业离校全过程所形成数据。对教师来说，全过程数据则指教师从入职第一天，到退休离校全过程所形成的数据。全方位数据指课程、科研、实践、文化、网络、心理、管理、服务、组织等各方面育人功能在育人过程中所形成的数据。

一、高校数据全生命周期管理

高校大数据概念的提出，对师生在校期间重要节点的信息记录有了更为宏观的认知，师生从入职进校（入学报到）开始数据的创建，到退休离校（毕业离校）后数据的存档，构成了一个完整的数据生命周期。如图 6-1 展示了高校学生全生命周期数据，图 6-2 展示了高校教师全生命周期数据，图 6-3 展示了高校数据全生命周期管理机制。

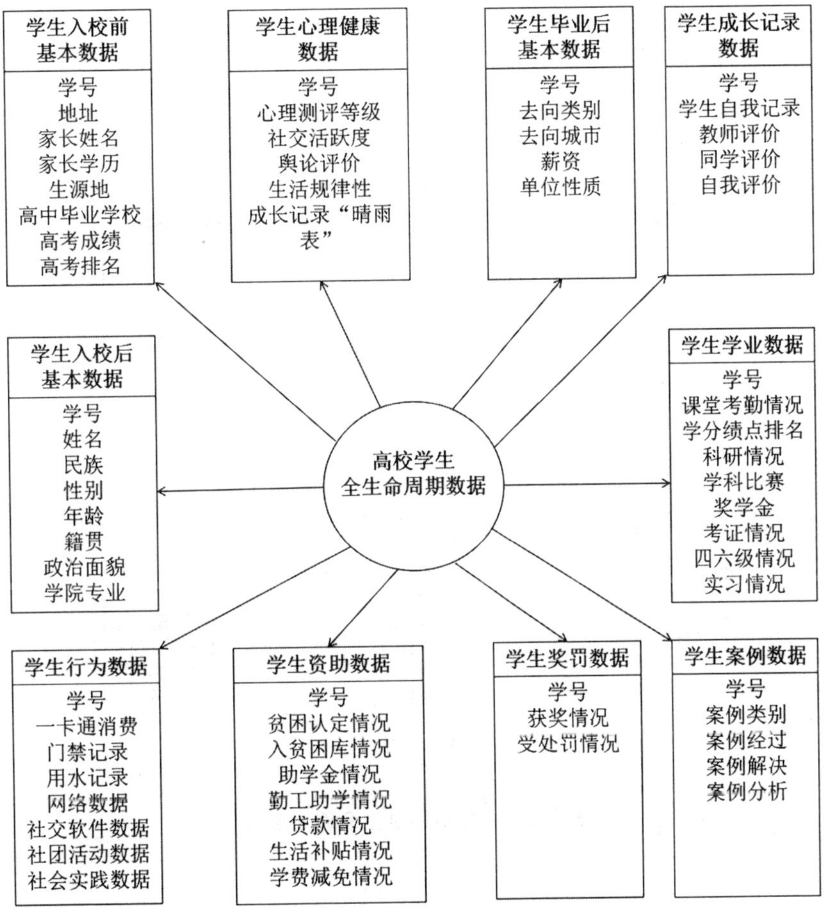

图 6-1 高校学生全生命周期数据

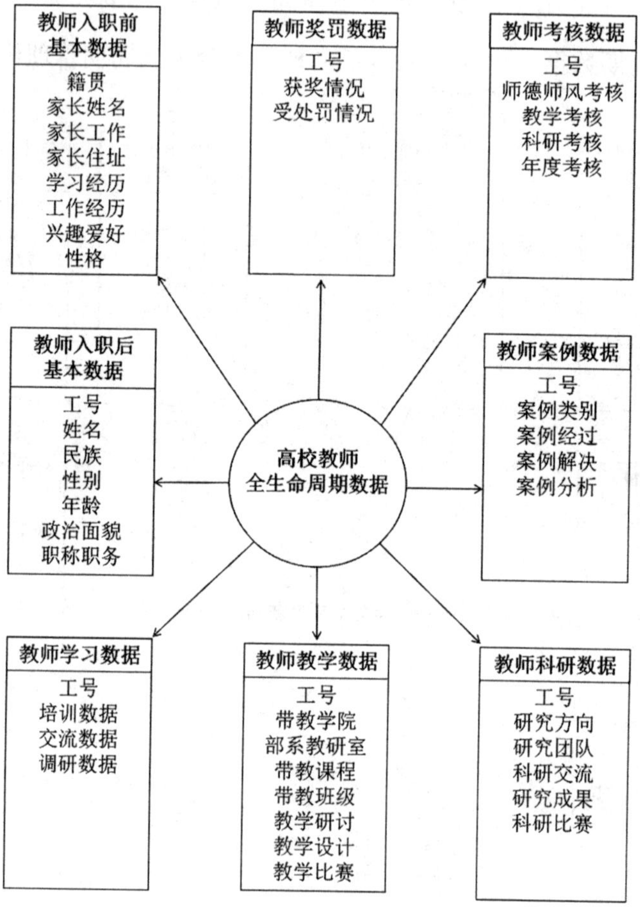

图 6-2　高校教师全生命周期数据

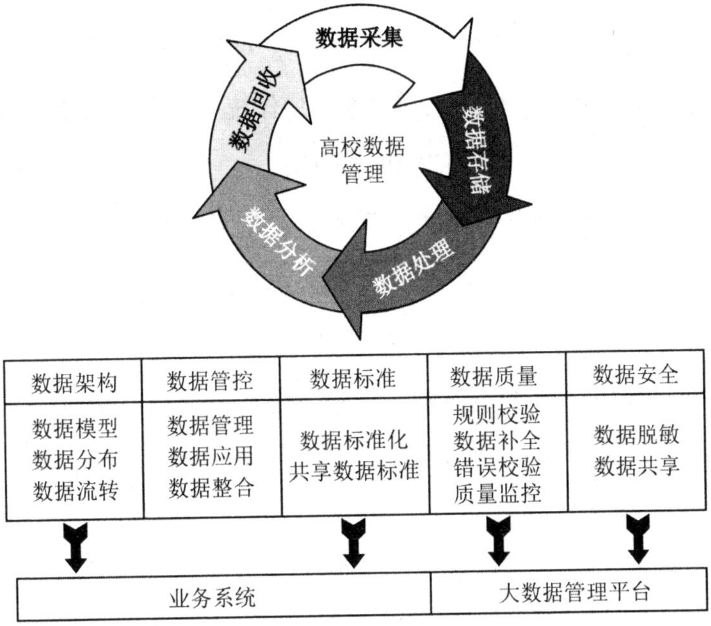

图 6-3　高校数据全生命周期管理现状

建立高校数据全生命周期管理，主要涵盖数据架构、数据管控、数据标准、数据质量以及数据安全五个方面。

（一）数据架构主要是对高校数据的逻辑结构进行描述，它主要包含数据模型、数据分布、数据流转三个方面。目前我国高校信息化系统还存在系统间数据不一致和属性定义差异等问题，从而造成整合后的数据来源不明，指标不统一，难以应用于数据分析。

（二）数据管控是指通过有效的数据整合、数据应用与数据服务，提升数据质量和业务信息化管理水平。主要是对数据应用领域和服务领域做规划。目前高校信息化系统中仍然缺少合理有效的数据管控组织结构，对系统角色权限职能的分配也与现实业务工作存在诸多不匹配的情况。

（三）数据标准是指在信息化系统中，对数据进行标准化的定义与诠释，并对系统间的数据关系和数据质量作统一要求，保证数据的标准化，便于数据跨业务、跨部门管理与应用。

（四）数据质量是对指在数据整合之后对数据的再规范和处理。多源数据整合过程中，存在着大量的数据冗余，对整合后的数据进行清洗、预处理，能够有效地保障分析结果的正确性。

（五）数据安全是指数据保护技术，包括根据用户级别设置相应的数据访问、添加、删改等权限，建立数据隐私保护机制与安全策略等等。

二、高校数据应用现状与特性

随着信息化建设的不断深入，高校很多部门都建立了各自的信息管理系统，但普遍存在信息系统之间缺乏关联、数据共享渠道不通畅等问题。为此，高校首先应根据数据特点及数据的生产流程，形成对关键数据的全生命周期管理。

高校大数据具有多样性、隐私性等特点。对于学生来说，数据可分为静态数据与动态数据。图 6-1 中学生入校前基本数据、入校后基本数据、毕业后基本数据为静态数据，学生行为数据、奖罚数据、学业数据、心理健康数据为动态数据。

高校数据应用目前存在的问题包括：

（一）使用效率低下

多源数据平台之间的数据通道还未完全打通，一些系统仍存在着

"信息孤岛"的现象，尤其是高校部门多，相应的信息化系统也多，但各信息系统往往不是来自相同的软件研发公司，数据库结构不一致，数据传输更多靠人工导入，部分甚至使用纸质文件。

（二）数据利用率不足

尽管存在多种信息化系统，但数据背后隐藏的重要信息尚全被挖掘，大部分数据只是进行了简单的分析和叠加，可供分析的数据量较小，分析效率也较为低下。

（三）分析结果偏被动

高校数据分析的结果大部分没有用于主动服务，更多的是经过用户的查询才显示数据分析结果，导致数据分析的危机预警作用未能有效发挥。因此高校首先要对数据进行整合，继而对数据进行清洗、脱敏、分析等操作，最后使用可视化展示将分析结果更加友好的展示。

三、高校学生行为轨迹分析

大学生在学校的学习和生活过程中，其动态行为轨迹是非常重要的特征，暗含着学生行为的时空规律。通过对学生行为轨迹建模，提取行为轨迹的特征，可以对学生行为轨迹形成标签化的描述，这对高校的精细化管理具有重要的参考价值。

学生在校行为数据可以从学校多个业务信息系统获取，比如校园一卡通系统、图书馆系统等，其包括短周期行为数据和中长周期行为数据。短周期行为数据周期基本以天为单位，比如校园一卡通信息、门禁信息、图书馆借阅信息等数据。中长周期行为数据周期基本以周、月、学期或学年为单位，比如选课信息、学习成绩信息、素质测评成绩等数据。

学生在校行为数据的分析成果可以应用于学生异常行为预警、学生精准帮扶等方面，可以有效提升学校的管理效果。

四、高校大数据环境下学生画像建立

数据海量是大数据环境的重要特点及优势，在这一背景下，大学生生活、学习等全方位信息都能够采集并融合，完全有条件构建精准的学生画像。可以说，学生画像既有相对稳定的标签，也可能随着时间的推移、学生行为轨迹的变化，出现新的标签。总之，大数据背景下，学生动态行为轨迹数据刻画学生画像，学生画像又对学生行为轨迹分析进行反馈指导，二者可以做到信息互补，不断完善各自业务领域需求。

五、高校大数据环境下教师画像建立

高校教师从入职进校到退休离校，会形成教学、科研、学习培训、考核、案例、奖罚等一系列数据，基于这些连续数据及教师个人、家庭基本信息，可构建教师实时画像，形成教师思维、热情、兴趣、创意、直觉、冒险精神、知识、技能、方法、经验、成果等状态标签，为教师管理及选用提供重要参考。

六、高校大数据辅助管理决策

高校师生产生的大量数据，经数据挖掘分析及专题模型构建，可为高校管理决策提供重要依据①。比如，家庭经济困难认定是高校学生管

① 顾小清．数据智能驱动教育生态重塑［N］．中国教育报，2021-06-11（4）．

理中重要工作，目前主要基于学生填写的《高校家庭经济困难情况调查表》及家庭所在地政府机构提供的证明来开展认定，虽然多数高校设计了复杂繁琐的认定流程来确保认定的准确性，但流程中的多个环节都受到人工判断的左右，导致认定结果费时费力，且不够精确。分析被认定学生的食堂出入次数及消费金额等行为轨迹，为困难认定工作提供参考，有利于提升认定的精确性，实现“精准资助”。

第二节 系统相关技术及算法介绍

一、数据采集

数据采集工作涉及学校多个部门，主要内容包括学工系统学生信息、校园一卡通消费数据、门禁系统数据、教务系统成绩信息、图书馆出入借阅信息等，数据多以 CSV 格式进行存储。

高校的业务应用往往依靠多个数据源的支撑，且数据结构往往也是多种多样。比如基于大数据的家庭经济困难认定，需要采集学生家庭经济情况调查表信息，校园一卡通消费数据，学工系统中学生基本信息及奖助学金、违纪情况信息、教务系统中挂科信息。其中，家庭经济情况调查表属于纸质文档，需将其转换为电子文档后方可进行分析，其余资料则可由业务系统中直接导入。

由于学生数据具有多源、多格式、接入方式多样等特点，使得整合后的数据存在着数据不完整、噪声、逻辑不一致等问题。因此，要想得到高质量的数据分析成果，必须进行数据资料预处理。

二、数据处理

（一）数据清洗

数据清洗主要是对数据缺失值，数据错误值以及数据冗余重复值的处理。对于数据缺失值，针对不同的数据特征采用不同的如最低影响法补缺、均值补缺、插值法补缺等方法来保证数据的完整性。对于数据的逻辑差错，可以将其视为缺失值，同数据缺失处理方法一致。而针对非逻辑差错，则需要分析异常值出现原因以及数据分析的目的，确认保留原始数据还是删除过界值。

由于从多个信息系统中获取数据，数据属性或者数据实体出现重复值是很有可能的，加之系统中数据库属性命名方式、实体单位不同，且存在同名异义、异名同义等情形，因此必须对数据进行冗余识别和处理。

另外，根据不同的数据挖掘方式，也需要对数据进行相应的转换，其中有数据的规范化和离散化两个方面。规范化的目的是消除各指标之间量纲的影响，例如每月消费数据中消费额度一般在［500，2000］，而月消费有效天数在［0，30］的范围内，在分析学生消费行为时，需要对这两个数据进行规范化处理。

（二）数据隐私处理

高校数据包含了身份证件号码、家庭住址、电话号码、银行卡号等大量的师生隐私信息，必须采取充分的数据保护措施，防止出现隐私信息泄露。

1. 数据防泄漏

是指以数据管控为核心，以数据生命周期治理为原则，从应用、网络以及数据存储方面，采用应用权限控制、访问身份审查、敏感信息加密等技术来保证数据的安全。

表 6-1　高校数据防泄漏指标

访问终端	未授权终端和计算机无法访问服务器与数据库，每次访问也需要对系统终端状态进行审核 未授权移动存储介质无法在数据未脱敏终端使用，对设备端口进行管控
数据服务器	数据在服务器中分级加密存储，敏感数据以密文形式传输，未经授权无法解密 详细的访问日志，包括使用时间、使用人、访问信息等，保证可以追踪源头

2. 数据漂白脱敏

高校校园一卡通系统、学工系统、教务系统等信息系统都包含着姓名、学号、邮箱、家庭住址、身份证号等学生个人信息，在数据流转及共享中，很容易泄露。不同的数据类型有相应的数据漂白方式，比如数字型数据采用部分掩盖或者 MD5 加密技术，文本型数据多采用 BASE64 加密等技术。

三、数据存储

高校学生数据主要分为结构化数据和以文本为主的非结构化数据，此处利用 Hadoop 平台对高校数据进行分布式存储处理，主要涉及了 Hadoop 生态组件中的多个模块，如下图 6-4 所示：

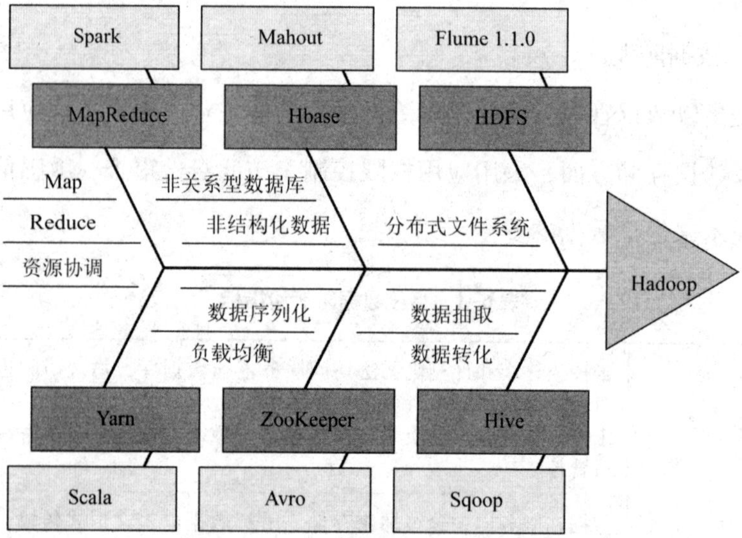

图 6-4　Hadoop 生态系统示意

HBase 是一种非关系型数据库，与传统的关系型数据库以键值的形式对数据进行存储的方式不同，HBase 以行键、列簇、列修饰符、版本等关键字存储非结构化的数据。由于学生数据中往往包含一些非结构化数据，因此需要采用 HBase 数据库进行存储。

HDFS 是 Hadoop 实现大规模分布式存储和管理的基础，是一种分布式的文件存储系统，具有较好的容错性和良好的扩展性，数据读取速度快。它是典型的主从结构，对数据管理更加容易。其中主控制器主要存储文件之间的映射关系，而数据节点则作为存储实际数据的模块，负责存储管理和执行命令。

Mapreduce 技术基于分布式文件系统，主要对大规模数据进行并行计算以及处理，它可以精准分析海量数据集，并精确地控制各个节点之间的任务完成，通过各个节点之间的调度实现对大规模数据的计算和处理。

四、数据分析

高校数据具有多样化的特点，涵盖了大学生在校学习、生活各个阶段，因此要根据数据特点采取相适应的数据分析方法。

（一）短文本挖掘技术

如困难生对家庭情况的描述，学生对自我的评价，对今后发展规划等信息。对这些短文本数据进行挖掘，提取特征词，可以辅助构建学生画像。具体方法是提取特征词后，采用支持向量机算法（SVM）进行分类。

（二）行为轨迹建模

行为轨迹的建模是行为轨迹分析的首要步骤，也是构建学生画像的必备操作。同一群体的用户行为在时间、空间轨迹上往往具有一些规律性的特征，寻找这些特征有助于对学生群体进行分类，进而形成学生画像及特征标签，为后续的管理工作提供参考①。比如，周一至周五，一般学生的行为轨迹是：早上 7 点 40 分出宿舍门，8 点附近在食堂吃早餐，然后去教学楼上课，中午 12 点附近在食堂吃午餐，然后回宿舍午休，下午 2 点 30 分出宿舍楼去教学楼上课，晚上 6 点到 6 点 30 分吃晚餐，此后可能会回宿舍或者去教学楼继续学习，晚上 10 点之后基本都会回宿舍休息。而在周六日，不同的学生可能会有不同的安排，可以选择会出校或者依旧在校园内活动。

---

① 蔡占玲．“信息化”为三全育人注入新动能［N］. 山西日报，2023-12-05（11）.

（三）模糊综合评价算法

模糊综合评价算法是在确定评价因素、因子的评价等级标准和权值的基础上，运用模糊集合变换原理，以隶属度描述各元素及因子的模糊界线，构造模糊评判矩阵，通过多层的复合运算，最终确定评价对象所属等级。

比如，在信息化管理子平台—学生管理决策—家庭贫困认定模块，收集学生家庭收入情况、劳动力情况、受教育子女数、家庭突发情况等多种信息，据此综合评估学生家庭经济状况，使助学金真正资助最需要的学生。困难因素数据源包括两方面，一方面是离线文件《高等学校学生及家庭情况调查表》，另一方面是校园一卡通动态消费数据。《高等学校学生及家庭情况调查表》可呈现静态家庭经济情况因素，包括数值、程度和是非三种类型。校园一卡通动态消费数据可以比较真实地呈现学生的消费水平和家庭经济状况，因此可以将月均消费额度作为动态因素加入评价模型中，具体的评价因子如图 6-5 所示：

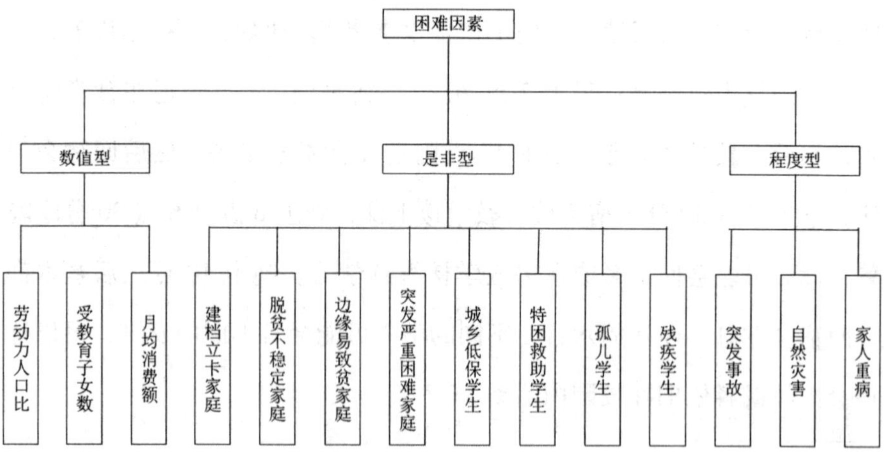

图 6-5 综合模糊评价因子

第三节　高校教育信息系统案例

一、北京邮电大学“5G+智慧教学和科研应用示范项目”

随着互联网的发展，云计算、大数据、人工智能（AI）的逐步应用，教育逐步从传统教育向智慧教育变革，开启了教育信息化新时代。5G 通过提供人人通信、人机通信和机器之间通信的多种方式，支持移动因特网和物联网的多种应用场景。同时，5G 网络通过提供多样化业务需求和业务特征的能力，适应不同教育应用场景的灵活性和多样化的业务需求。

北京邮电大学（以下简称“北邮”）通过校企合作，打造 5G+智慧教学和科研应用示范项目。以 5G 新技术为抓手，通过建立数据标准体系，深化数据应用，实现统一资源、统一数据、统一流程、统一服务、统一门户“五统一”的目标，同步建成一体化运维服务保障体系，为学生、教师提供优质、高效的信息化服务平台。教育与无线通信跨界融合的趋势从教育信息化行业政策、教育信息化需求、教育终端通信能力、无线技术等方面看也初步成熟。

（一）北邮 5G 专网建设情况

北邮通过部署下沉式 MEC（移动边缘计算），建设完成共享、独享两套 5G 专网。学校打造 5G 切片+MEC 模式，提供满足 5G 教学的数据传输、大带宽、低时延的网络环境。同时与云数据中心打通，结合切片能力，实现学校师生使用 5G 手机、5G-CPE 或其他 5G 设备终端（无需通过 VPN 拨号）随时随地访问校园网内教学、科研及办公等信息化资源，并且可无感切换互联网访问，数据可靠传输、业务安全隔离、设备可管可控，实现内部应用数据高效传输、处理及高服务质量保障。图 6-6 为北邮校园 5G 专网结构，左边部分为人网接入模式，右边部分为物网接入模式。

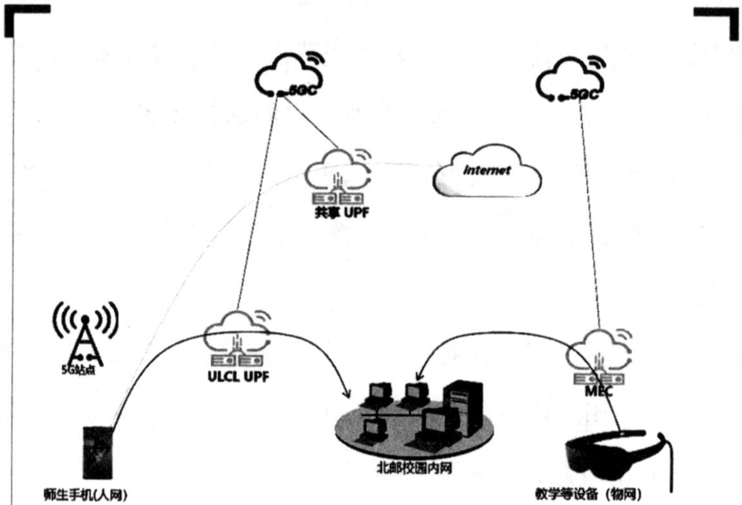

图 6-6　北邮校园 5G 专网结构

1. 5G 物网建设

为满足学校教学类设备（VR 终端、AR 终端等）和智慧校园中物联网类设备（巡检机器人、传感器、摄像头等）的接入需求，北邮面向教学设备，通过专享 UPF+下沉 MEC 支持教育物联网设备业务，并提供端到端安全保障，确保数据不出校园内网。在校园机房建设专用的MEC（含 UPF），校园物联网终端注册专用 DNN，由 SMF 根据专用DNN 为物联网终端选择校园专用 UPF 提供服务，实现物联网终端数据的本地分流，业务数据可直接送至 MEC 平台或校园内网。图 6-7 为北邮 5G 物网建设结构。

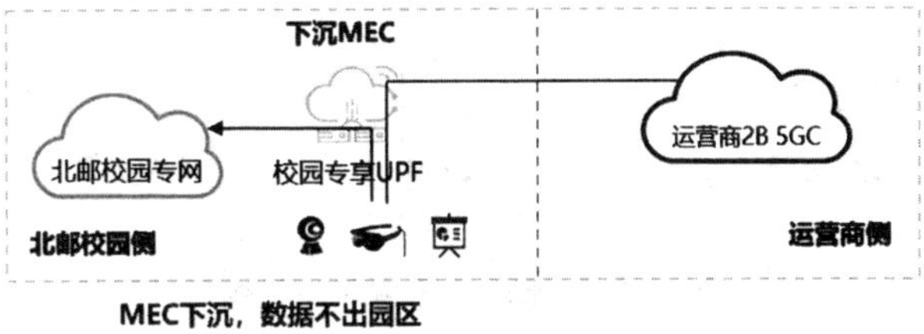

图 6-7　北邮 5G 物网建设结构

2. 5G 人网建设

面向师生用户，依托 UPF 智能分流技术，实现在校师生不换卡不换号随时随地访问校园内网，提供公/专网无感切换的优质体验。北邮5G 校园专网方案基于运营商人联网进行搭建，校园师生的手机卡完成专网注册认证后，可以通过运营商共享 UPF 为校园专网用户提供校园内网访问服务，实现基于城市范围的对校园内网的访问。共享 UPF 作为 ULCL-UPF（兼做辅锚点）负责校园专网用户的数据分流。图 6-8为北邮 5G 人网建设结构。

北邮在打通校园网与运营商的“人联网”，实现认证模式的创新方面做出了探索尝试。北邮制定了统一标准接口，三家运营商按照统一标准接入校园网，实现 5G 用户二次鉴权实名制访问内网资源，实现基于5G 用户群组访问内网的访问控制，并且实现对 5G 用户的审计、行为分析和管控。认证方式灵活，更加安全可控。

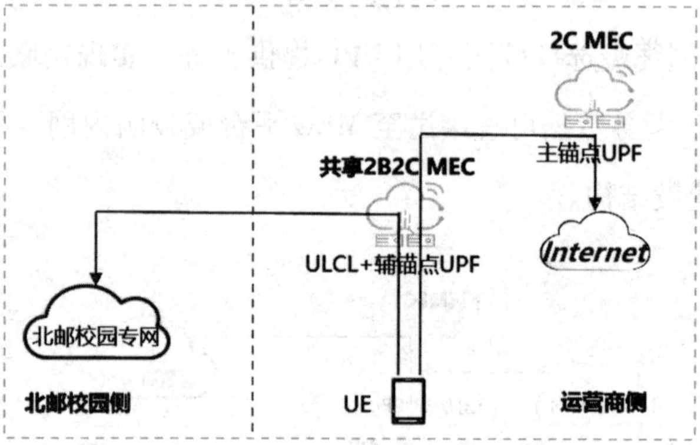

图 6-8　北邮 5G 人网建设结构

北邮联合教育部认证联盟和通信运营商，开发了基于学校企业微信 H5 访问的 5G 校园专网开卡、认证及学工号绑定的服务。如图 6-9 所示，校内师生可以登录学校企业微信的 5G 业务办理页面，选择需要办理业务的运营商链接跳转到业务办理页面，业务办理页面通过教育部认

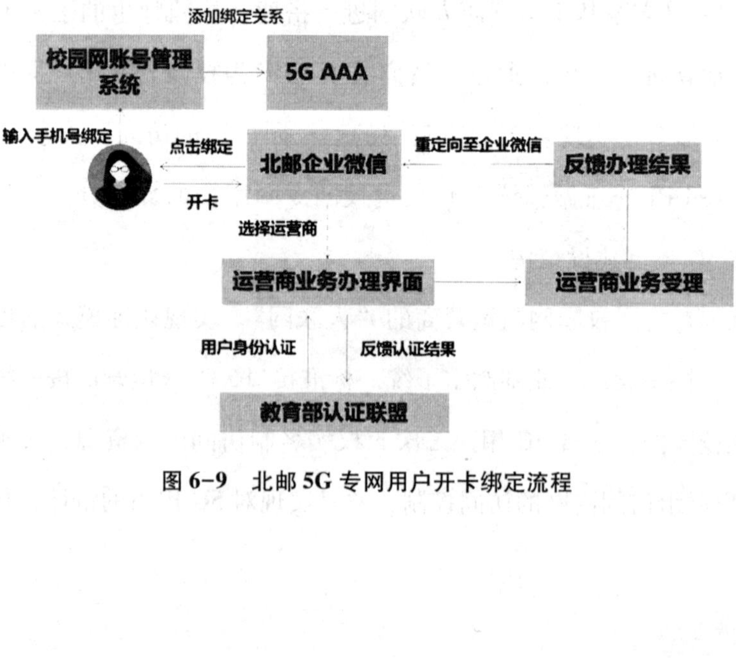

图 6-9　北邮 5G 专网用户开卡绑定流程

证平台对师生的身份进行认证。认证完成后，进入运营商页面进行业务办理。办理完成后，跳转回企业微信的校园网自服务页面，师生将自己开通的套餐和学工号进行绑定。5G 手机号与学工号绑定的数据将会同步到校园网 5G AAA 网关，用于 5G 人网卡接入校园网时的身份认证，从而实现学校师生在校外访问校内资源。

（二）基于 5G 技术的智慧校园建设

如图 6-10 所示，北邮 5G 智慧教育体系架构最下面一层是终端层，校外用户通过物联网卡、人联网卡或 CPE 设备，接入 5G 校园专网。校内用户或者校外 VPN 用户通过 WiFi 或有线网接入校园网，校园网和 5G 校园专网是打通状态。第三层是云存储层，5G 校园专网直连边缘云 MEC，校园网用户可以访问教学云、科研云和管理云。第四层为校内应用系统，学校基于这些应用系统，支撑学校决策，为师生、家长和公众提供服务。在整个框架中，有智慧校园安全体系和运维体系保驾护航。

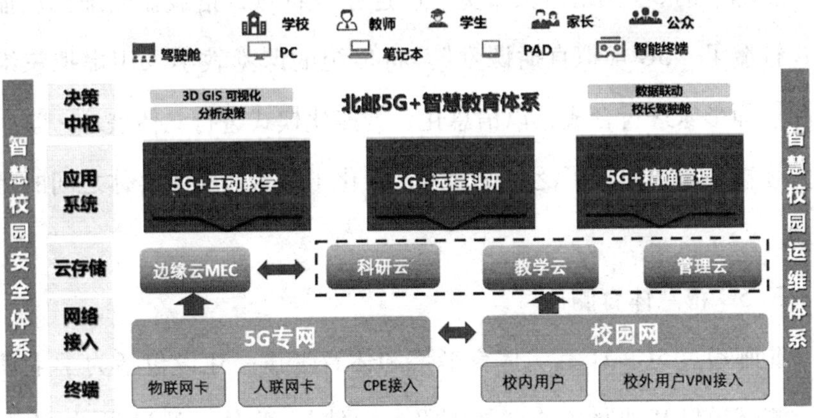

图 6-10 北邮 5G 智慧教育体系架构

1. 5G全息教室

北邮作为北京地区首个实现5G信号全覆盖的学校，5G全息远程互动智慧教室在两校区均已完成常态化部署。北邮西土城校区、沙河校区相距近30公里，优质课程资源无法共享。全息教学进行虚拟场景与真实场景的叠加，可以实现远程讲师和全息现场的实时互动，开启两校区学生同上一门课的全新授课模式。5G全息远程直播互动为跨校区授课、讲座、会议等提供了无限可能。全息直播套件是全息互动的核心软件平台，里面包括导播、主备流切换、画面叠加等功能，能够满足远程教师与现场学生互动教学展示的需求。

“5G+全息远程互动”智慧教室将教师的全息影像和声音以低时延、高清晰度实时传送到远端课堂，实现了优质课堂资源的远程共享。全息影像的视觉呈现彰显了技术与教学的深度融合，颠覆性地改变了传统的课堂体验，将小教室变身为跨越时空的“全息智慧大课堂”。

北邮借助5G网络的大带宽、广连接等特点，搭载蓝箱虚拟演播技术，打造了“5G虚拟直播课堂”。将传统的课堂教学采用虚拟三维场景和教师影像进行合成，以信息化、智能化模式进行立体展示，学生可以多终端观看，实现了泛在化学习，强化了教育教学主客体之间的良性互动。

2. 5G智慧体育测评

北邮通过5G+AI赋能体育锻炼和体育考试，建设包括为学生日常体质测试提供基础服务的“体测设备硬件”、为体质测试提供AI人工智能应用支撑的“AI算法”，实现了从入场时的身份核验、开始运动前后的引导、运动时的动作规范性提示全链路的AI分析和交互。通过分析运动场景下的复杂人体动作形态和幅度，对日常锻炼进行校正，对考试成绩进行合规计算，输出测试成绩，降低人工干预。体测设备通过CPE 接入 5G 专网，然后通过校园网连接到北邮校园网内的人脸识别服务器，实现人脸识别，得到学生的基本信息。体测设备采集的学生仰卧起坐视频，通过本地图像识别机器计算仰卧起坐的次数，以及预警错误动作。

3. 5G 虚拟实验平台

为支持教学改革，实现跨越虚实空间的学习效果，北邮积极探索以“基于虚拟现实技术的集成电路设计、制造和测试”为一体的虚拟仿真实验教学平台建设。以“反相器集成电路设计、制作及测试实验”为例，实验实施过程如下。在学生端，首先登录虚拟实验平台，选取“反相器集成电路设计、制造及测试实验”；接着设计反相器和加工工艺流程与工艺条件，按照流程进行实验操作，并调整设计和工艺条件，优化实验结果；最后观察实验现象，分析实验数据，完成实验报告。

在教师端，登录虚拟实验平台，选取“反相器集成电路设计、制造及测试实验”，根据教学内容，调整具体实验要求。组织讨论确定实验方案，然后分布指导实验，并检查实验结果批改报告，最后结束实验并退出。

虚拟交互实验不仅节约了高昂的集成电路元器件成本，而且使学生可以在任何时候、任何地点完成实验课程任务，并且可以反复实验，提高个人动手能力。

校内学生可以使用 VR 眼镜通过 CPE 接入 5G 专网完成虚拟交互实

验。校外学生则可以将手机插入5G卡，可直接接入5G专网，通过校园网接入虚拟交互实验实训平台，完成远程实验。

4. 5G智慧安防

当前在校大学生心理健康、行为异常、学业荒废等事件频发，为提前预防并有效解决这类问题，北邮基于5G专网开展学生行为数据抓取，通过数据抽取、数据统计、数据分析和数据挖掘等技术，实时、动态掌握学生的在校轨迹和异常行为。对于状态和行为异常的学生，学校进行分级预警和提前干预，实现育人工作的超前化、主动化、精准化，有效防止各类突发事件，提升育人工作的力度和温度。

北邮人工智能学院科研团队联合业务部门一起，通过5G摄像头采集的校园视频，及时发现校园危险行为和异常事件，为校园安全的应急、保障、管理和科学决策提供依据和支撑。智能分析功能包括学生徘徊检测，实现监控场景行人检测、跟踪及行为分析，通过检测徘徊事件和天台危险事件进行预警。根据监控场景中的人数统计，对人群密度进行估计，检测非法聚集事件，实现预警。

在WiFi没有覆盖或者信号弱的地方，高清摄像头通过5G物联网卡，接入5G专网，采集的视频数据通过5G专网传输到校园网，再经过视频网关传输到安防专网，最终汇集到安防平台。安防平台收集到的视频人脸数据，通过安防专网提交到人脸识别服务器，经过比对后，将人员信息通过安防专网返回给安防平台。

二、智慧校园

（一）打通汇聚壁垒，构建数据生态“资源池”

西安交通大学坚持全校“一盘棋、一张网”的思路，着力构建互联互通的数据融合汇聚体系、科学合理的应用服务体系和可管可控的安全保障体系。一是出台数据管理办法，对数据实现按域管理和跨域共享，打好大数据通联基础。二是建成智能化数据资产管理平台，打通数据汇聚路径，汇聚全校 30 余个单位 130 余个系统的 900 多个数据表 30 多亿条的数据。三是全面梳理学校招生、教学、就业等人才培养各环节数据近 7 亿条，为学校各项决策提供高质量数据支撑。

（二）强化数据应用，打造教学育人“样板间”

针对教育教学改革中普遍存在的问题，自主研发教学质量实时监测大数据平台、学生管理大数据平台。一是研制“物联网+云计算”的数据精准采集方法；二是提出独特的教学质量评价方法和多维融合方法；三是构建校、院、系三级立体交叉的督导机制，形成“评价、反馈、引导、提高”的个性化督导和教师发展机制；四是构建学业、社团等六维特征的学生画像，研制出成绩预测、生活行为异常模式发现、贫困生识别算法，破解学生精准帮扶的难题。

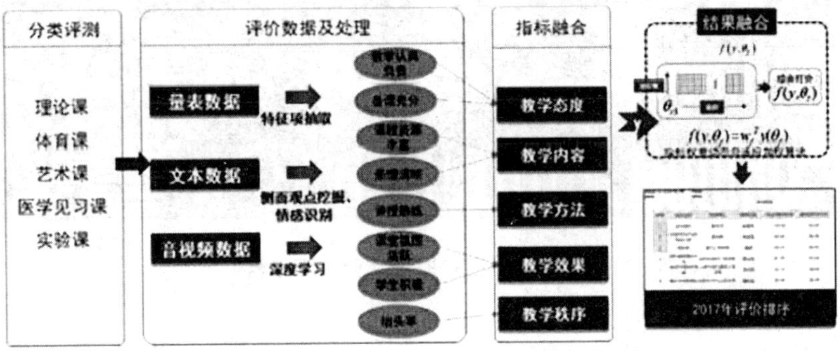

图 6-11　西安交大教学质量评价机理

（三）破解就业难题，打造就业管理“服务链”

在全国率先建立“一站式”的就业管理服务平台，破解“人等岗”与“岗等人”的难题，做到“三个立足”和“三个支撑”。立足打通毕业生求职通道，支撑“一站式”就业管理服务。精准分析匹配学生与用人单位招聘岗位数据，面向学生及用人单位提供快捷检索、精准推荐等个性化服务。立足打通学生培养全过程，支撑学生的职业生涯规划服务。为学生建立个性化的“成长档案”，为每位学生指明适配的就业方向，为就业辅导工作提供抓手。立足打通学生就业全链条，支撑反馈高校人才培养改革发展目标。生成就业情况实时监控和统计，形成高效的培养质量反馈机制。

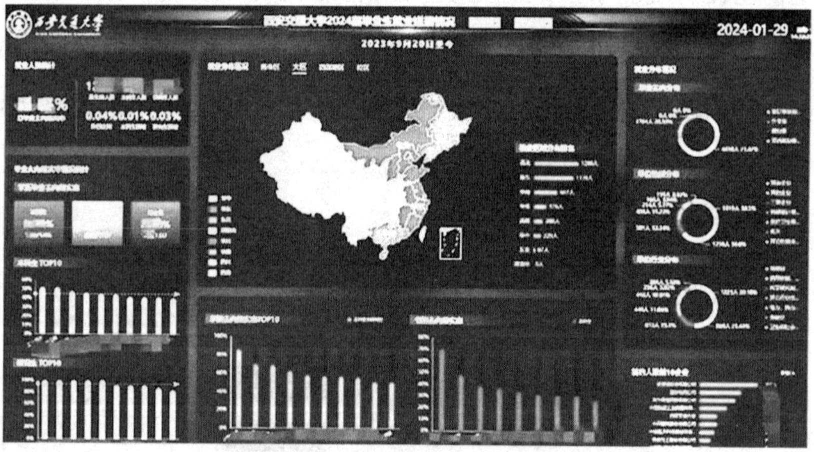

图 6-12　西安交大就业进展平台

三、苏州大学：云中大学建设

苏州大学与华为签署战略合作协议，致力于打造一个镜像化、数字化、智能化的云中大学。目前，云中苏大创造了中国高校信息化建设的多个“第一”：建成首个高校数据中台、第一个试点 5G+VR 手术示教教室、第一个实际部署人脸报到应用、产生第一个云中苏大“原住民”、第一个在高校现场成功孵化的云中教室；创立首个在高校实际注册的云中大学联创中心。云中苏大走出了高校数字化转型之“苏大模式”。

（一）战略“三转”

一是转观念。云中苏大是中国高校第一个提出“云中”概念的高校。苏州大学校长熊思东提出，未来将会有“三所大学”：第一所是大家比较熟悉的物理空间的大学，第二所就是借助信息化的手段来办的云中大学，第三所大学则被称为“看不见的大学”。依托物理空间大学和云中数字大学，凝练出的一所精神永存、灵魂永驻的大学。

二是转架构。云中苏大在顶层设计之初，为获得各部门学院的支持，校长确定了“不做大”的组织架构调整原则，先通过技术手段打破组织壁垒，完成“思想松土”后再做调整；组织不调整，但可以先让数据流动起来，数据的流动最终会倒逼组织的变化。为此，苏州大学成立了高校第一个“数据资源管理办公室”，承接全校数据领域的管理、维护和应用责任。

三是转机制。为充分调动各类资源、解决跨领域的综合性问题，苏大与华为以及合作伙伴，成立了“1+1+N”的联创中心，共同研发、联合创新。

（二）建设“三新”

一是新应用。为让师生感受到 5G、VR 与教学相结合的魅力，联创中心建设了一间360手术示教教室，学生可以在学校近距离感受现场手术操作，打破医学生只有到了大三才能进入手术室隔着玻璃窗观看的限制。为让学校各业务部门积极主动开放数据，在四百多年历史的方塔院子中建成了全国最漂亮的IOC（智能运营中心）。

二是新模式。云中苏大创新了“1+1+N”的合作机制，联创中心在苏大注册手续，正式成为学校协同创新科研单位。学校为联创中心提供400多平方米空间作为办公和开发场所。通过联创中心现场研发，打造了一个线上线下融合的智慧教室，这是首个“长在”云端的智慧教室，集成了3个厂家（包括华为）的产品和技术。

三是新技术。2019年，联创中心开发上线了苏大数据中台，建设了8大高校主题库和若干专题库，支撑结构化数据、半结构化数据和物联网数据的应用，支撑了离校大数据和IOC的应用。下一步，联创中心将加快5G在大后勤、大实验室管理的应用。

（三）引发“三变”

一是学习方式的变革。云中大学的建设打破时间和空间的界限，打通学生、学校、教室和老师的界限，实现“时时可学、处处可学”。通过虚拟大学与现实大学的对接，打造沉浸式课堂，让学生能够用自己的多维感官来全面参与整个学习过程。

二是主体活动的变革。云中大学打破了传统的知识体系框架，让教育资源更加普惠，学生既可以根据自己的情况制订学习计划，构建自己的知识体系，也能与老师更加深入地沟通交流，真正让“学习者”成为教学的主体，实现以人为本、因人施教。

三是管理服务的变革。云中大学让大学管理与服务变得更加精准。

其中，云计算、大数据、人工智能等技术的应用，可以让老师可以更清晰地了解学生的学习状态和学习需求；同时，帮助高校管理者能够更精准地了解到大学发展的态势，预测大学的未来发展方向。

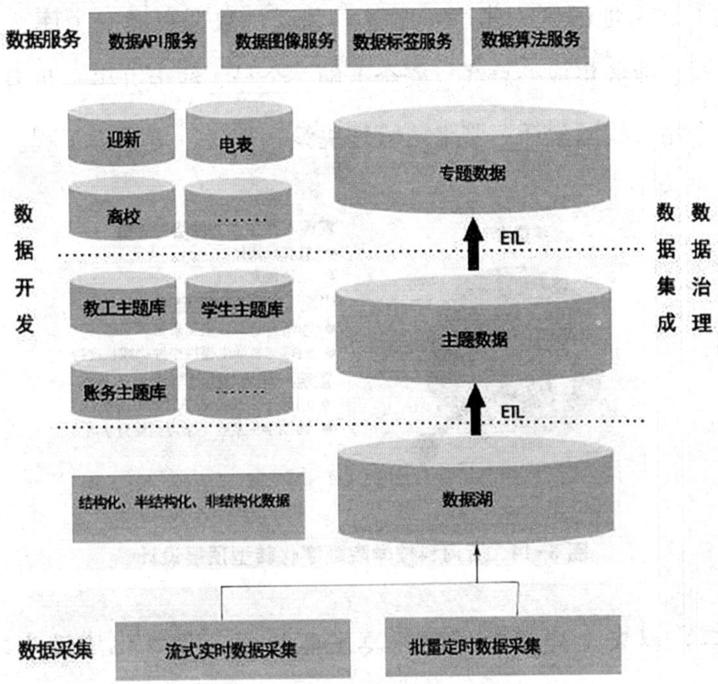

图 6-13　“云中苏大”数据中台整体架构

四、黄河科技学院：为个性化教育赋能

黄河科技学院以教育教学创新和教育管理创新为切入点，开启了数字化赋能教育创新发展的探索与实践。

（一）以顶层设计为先导，引领学校数字教育生态重构

学校以建设国内一流应用技术大学为目标，围绕高水平应用型人才培养，明确了数字化转型的顶层设计。成立了数字化转型改革领导小组，立项建设24个数字化改革项目，全方位营造创新型大学文化。逐步完成了“两地四区一张网、服务一朵云、数据资源一个库、开放运行一平台、业务集成一总线、安全上网一个号、线上办事一张表、综合服务一个站、校园生活一张卡、管理决策一智囊”等重点工程。

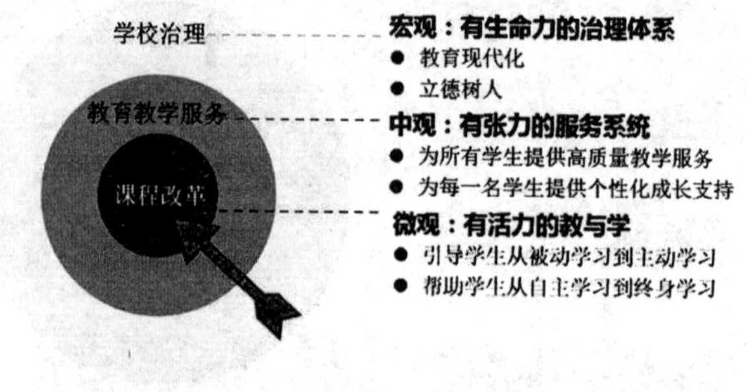

图6-14 黄河科技学院数字化转型顶层设计

（二）以安全建设为保障，奠定学校教育信息化建设基础

学校成立了以校长为组长的网络安全和信息化领导小组，明确了工作要点，做到信息管理工作的系统性。领导小组下设信息化管理办公室，并由管理办公室制定系列规章制度，按照“统筹规划、分步实施、讲究实效、发挥效益”的指导方针，积极推动学校教育信息化各项工作健康、有序发展。

1. 夯实信息化基础设施

校园核心主干网络实现双链路万兆互联，关键核心设备双机热备；

部署高性能的出口网关，实现防火墙、负载均衡、流量控制、堡垒机等设备的一体化管理；设置财务专网、一卡通专网、标准化考场视频专网、智慧宿舍专网等；校园网总出口带宽63.31GB，实现统一校园网出口，统一运营管控。

在省内高校率先实现了“五位一体”即“校内校外一体化、有线无线一体化、802.1x和web一体化、准入和准出一体化、IPv4和IPv6一体化”的安全运营管理模式。

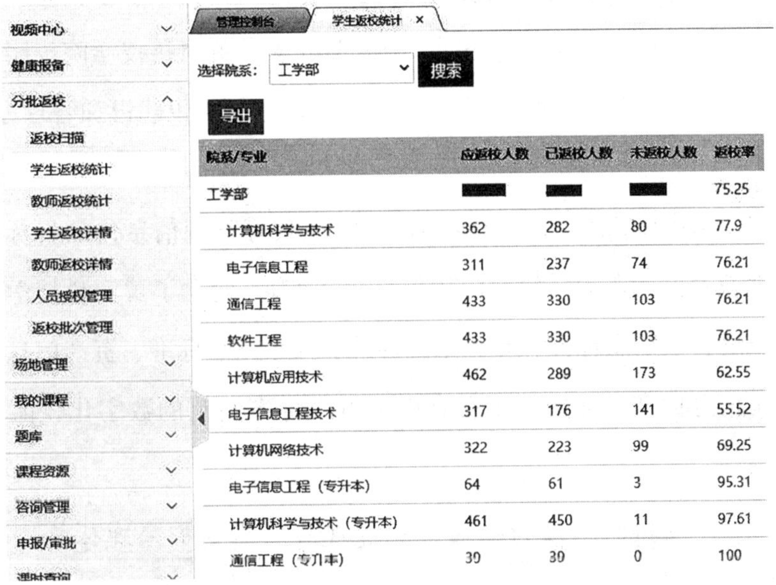

院系/专业	应返校人数	已返校人数	未返校人数	返校率
工学部	[illegible]	[illegible]	[illegible]	75.25
计算机科学与技术	362	282	80	77.9
电子信息工程	311	237	74	76.21
通信工程	433	330	103	76.21
软件工程	433	330	103	76.21
计算机应用技术	462	289	173	62.55
电子信息工程技术	317	176	141	55.52
计算机网络技术	322	223	99	69.25
电子信息工程（专升本）	64	61	3	95.31
计算机科学与技术（专升本）	461	450	11	97.61
通信工程（专升本）	30	30	0	100

图6-15　黄河科技学院智慧校园安全管理服务平台—健康管理系统

2. 建设智慧校园安全管理服务平台

通过智慧校园安全管理服务平台各功能模块和子系统建设，实现学生在校园多场景（校外场景、到校场景、校内场景、请假报备、健康报备、智能迎新、返校报到、分批返校、场地管理、宿舍管理、学风管理）的校园安全管理，全面掌握学生健康信息、位置信息、行动轨迹等，保证学生在校期间人身、财产安全以及网络与信息安全。

3. 完善信息化工作制度

学校已经形成了较为完善的信息化工作制度。

一是管理制度完善。学校制定有《黄河科技学院校园网管理暂行条例》《黄河科技学院校园网安全保护管理办法》《黄河科技学院互联网应急处置工作预案》《黄河科技学院各级网站建设与管理规范》《黄河科技学院互联网管理及信息安全责任书》《黄河科技学院信息发布审核制度》《黄河科技学院宿舍网络管理规定》《黄河科技学院校园网用户守则》《黄河科技学院二级网络（站）管理员队伍建设和管理办法》等等。

二是数据标准规范。2011 年，为实现教育管理信息化的目标，学校根据教育部颁布的《教育管理信息化标准》，建立了黄河科技学院标准规范之公共信息标准、教务信息标准、人事信息标准、资产信息标准及学工信息标准，并构建了符合以上五个标准规范的数字化校园基础数据。

（三）以组织创新为手段，构建现代大学内部治理体系

1. 学校借鉴“仪表盘技术”开展院校研究，实现发展核心指标的数据对接、动态呈现和可视化，为学校“十四五规划”编制提供了数据支持和指标预测。

2. 学校推行“大部制、大职能、大服务”机构改革，实施扁平化管理，按专业集群设立“科教中心”作为教学科研工作基本单元。一体化数据解决方案实现了部门之间的数据关联与协同，有效优化了资源

配置模式，提升了优质资源管理效率。

3. 依托数字化技术和平台，学校不断完善教学质量监控中心和教师发展中心功能，实现教学数据的实时监控和及时反馈，搭建形成了课程评估、教师评估和专业评估“三位一体”的评估体系。

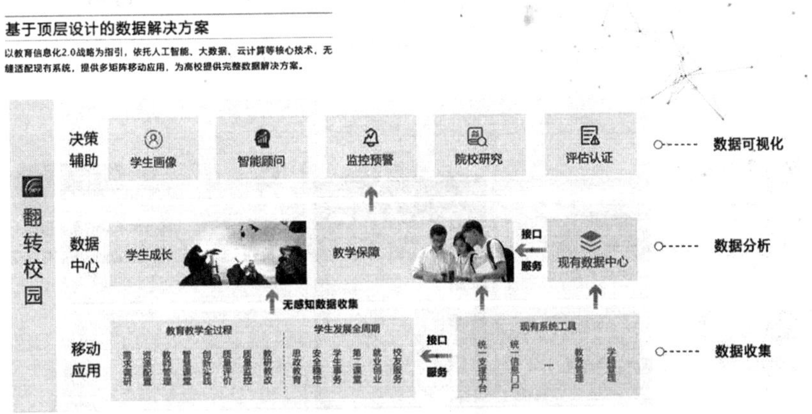

图 6-16 黄河科技学院依托翻转校园数字化平台构建学校内部治理体系

（四）以项目实施为路径，加快“以学生为中心”理念落实

1. 搭建智能引领的学生成长支持体系

“翻转校园”数字化平台中“云报到”功能，使新生提前与学校建立互动。平台对学生入校后课程学习、二课活动、创新实践、身体素质、心理健康等各环节数据实现了伴随式收集，从“学习成绩、心理健康、实践创新、生活规律、社交活跃度”五个维度生成数字化学生画像，为教师、辅导员和管理者关注学生多元化成长需求、追踪学生成长进展等教育教学工作，提供了完整、可共享、有效对接的数字化学生成长档案。

平台可对学生二课活动实施全程在线监测，生成个性化“第二课堂成绩单”；宿舍管理系统可实现学生状态多级同步实时反馈，筑牢学生安全防护网；“AI 助教”为学生提供预警、提醒、指导等精准化学习支持；精准就业系统支持企业接入，推送高匹配度就业岗位。

学校坚持“全覆盖、全方位、全过程”的原则，建立“学业导师+传统书院+现代学徒制”的现代导师制度，学生档案与平台数据的互联互通可使导师动态调整学习计划，提供个性化指导。

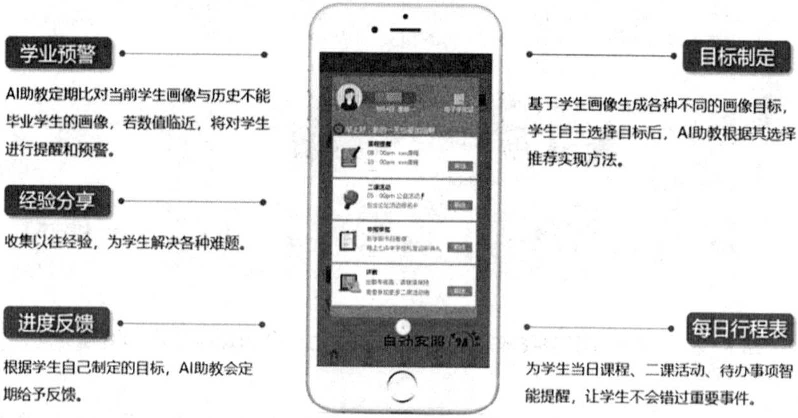

图 6-17　黄河科技学院“翻转校园”数字化平台

2. 打造技术赋能的系列化“翻转课程”

学校通过“翻转校园”平台创设了课程教学资源云端存储展示、师生课堂即时互动、课后学生自适应学习的智能环境，与教务系统、国家精品在线课程等平台均能直接对接。平台可在线实现教与学数据的伴随式收集，通过数据中心和移动端智能顾问为教学管理部门提供教学基本状态数据的追踪与反馈，为教学质量保障提供了精准而有效的数据支持。

“翻转课程”促进了教学改革，提升了教学效果，学校据此荣获河南省高等教育教学成果特等奖2项，获批“河南省学分制管理示范高校”。

“翻转外语”建立了基于分组的任务学习支持系统，与外研社合作出版英语分级教材，学生大学英语四六级考试成绩显著提升，该教材已推广到30余所高校，50000余名学生受益。“翻转体育”为每位学生建立了专属的运动和体质健康数字档案，学生体质健康测试成绩显著提升，该项目获批河南省高等教育教学改革研究A类综合研究项目；“翻转思政”将思政课程和课程思政有机融合；“翻转计算机”将学生计算机应用能力与数字素养提升紧密结合；“翻转会计”有效提升了学生会计应用能力，学校会计资格证考取率大幅提升；“翻转数学”“翻转劳动教育”和相关专业核心课程改革项目也相继启动，全方位服务学生个性化发展。

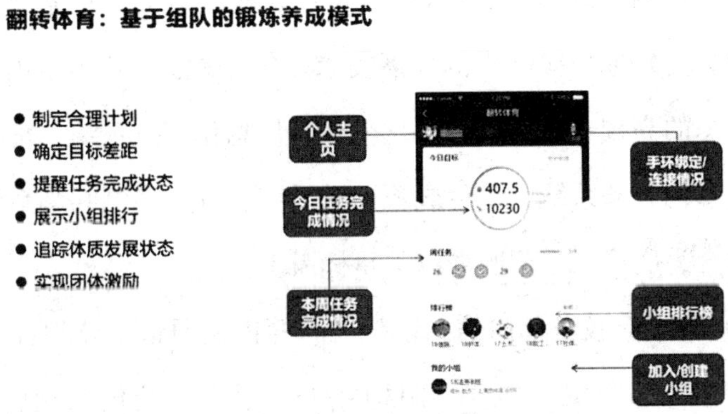

图6-18　黄河科技学院翻转体育培养模式

第四节　三全育人系统设计与实现

高校三全育人信息系统一定程度上是对高校育人相关工作的模拟，所以必须掌握相关工作从宏观到微观的参与主体、制度机制、业务流程，做好需求分析，明确系统架构及功能设计，实现系统的整合及构建。①

一、总体需求分析

随着信息技术的深入发展和广泛应用，高等教育作为教育的"领头羊"，也应当积极将信息技术应用到教育教学中，更好地探寻学生的成长规律，更好地把握学生的发展需求，更好地提升学生的综合素质。基于大数据的高校三全育人信息化平台以信息化管理系统、精准化教学系统、智慧化服务系统、学生成长记录系统、育人案例共享系统等多源数据库融合为底层，主要服务以下目标需求。

（一）打通高校各部门信息系统之间的传输通道，破除各业务领域的"信息孤岛"现象，整合多源构数据，建立高校信息化管理系统，实现师生数据的全生命周期管理。

（二）采集、追踪、记录大学生学习行为各项数据指标，建立精准

① 蔡占玲．高校三全育人信息化建设的思考［J］．山西大同大学学报（社会科学版），2025（1）：10-13.

化教学系统，科学研判学生学习行为发展趋势，提供视频、课程等与之相匹配的学习资源，形成课上学习与课下学习的良好互动衔接模式。

（三）建立学生成长记录系统，激励学生自我记录、自我管理、自我成长，并为学生画像提供部分数据。

（四）以学生培养计划、选课方案、课堂表现、科研情况、实践情况、文体活动情况、上网轨迹、心理状况、毕业去向、消费行为轨迹、图书馆借阅轨迹、成绩奖惩、班级排名等数据叠加学生个人、家庭基本信息，刻画学生全过程画像。以教师教学、科研、学习培训、考核、案例等数据叠加教师个人、家庭基本信息，刻画高校教师全过程画像。将高校学生全过程画像及高校教师全过程画像引入高校教育管理工作，参与学生管理、教师选用等辅助决策。

（五）建立育人案例共享系统，让师生共享育人案例，使师生便捷解决育人工作中的难题，也使育人经验增值。

二、架构设计

整个系统平台共分为四层，分别是数据源、数据处理层、算法层和应用层。数据源层是整个平台的基础，该层整合校园中的异构数据，有效避免各数据平台“信息孤岛”，为建立师生画像、校园管理决策、学生智慧服务、学生案例共享等应用奠定基础。数据处理层将平台中的数据进行格式转换及预处理，针对不同应用做特征构建、特征提取等。算法层是在明确三全育人信息系统各模块目标的基础上，构建画像标签体系，计算所需的各项指标，应用数据挖掘技术对辅助管理决策、标签体系构建、师生画像构建和管理预警监督等各方面应用进行分析。应用层将第三层的分析结果可视化，开发出三全育人信息系统，可视化展示平台页面，达到校园管理的智能化。

图 6-19　高校三全育人信息系统架构

三、子系统及功能模块设计

该信息管理平台分为 5 个子系统，分别是精准化教学平台、信息化管理平台、智慧化服务平台、自主化记录平台、共享化案例平台。

（一）精准化教学平台

该子系统包含数据基本操作、学生学习画像、学习资源推送、学生学业预警 4 个功能模块。

1. 数据基本操作

包括学生课堂考勤、互动、问答等基于摄像头、传感器、app 等多种物联网媒介的课堂行为数据，见习、实习数据，学分绩点、排名、挂科情况、奖学金情况等学习效果数据，学科比赛、学术沙龙、科研情况、学习考证等学习提升数据的导入、格式转换、编辑、查询、统计、导出等。

2. 学生学习画像

基于系统内数据生成学生学习画像，对学生课堂表现、见实习表现、学习效果、学习提升形成标签描述，划分学习画像等级。

3. 学习资源推送

基于学生学习画像标签描述及学习画像等级分布情况，匹配最适宜的学习视频、PPT 等学习资源，供学生浏览下载，供教师教学参考。

4. 学生学业预警

根据学生学习画像及等级对旷课率高、挂科门数多的学生及其班主任、家长发送预警通知。

（二）信息化管理平台

该子系统包含数据基本操作、学生全维画像、教师全维画像、校园管理决策 4 个功能模块。

1. 数据基本操作

包括学生及教师全生命周期数据的导入、格式转换、编辑、查询、统计、导出等。

2. 学生全维画像

根据学生全生命周期大数据，形成学生全方位实时动态画像，包括学生家庭状况、性格、兴趣爱好、心理、学习、行为轨迹、奖罚情况、消费特征、重大事件、毕业去向等描述标签。

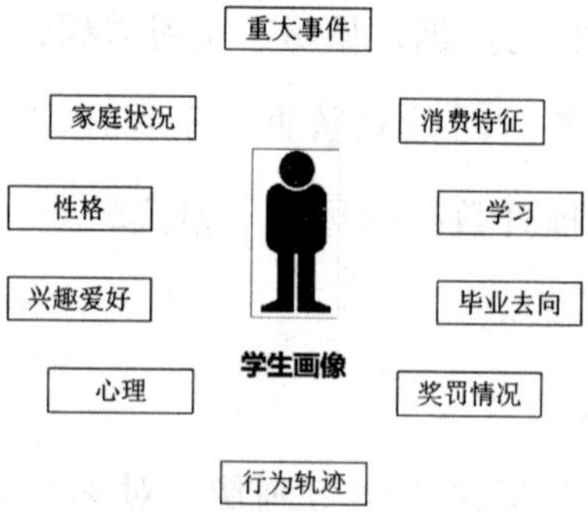

图 6-20

学生画像对学校教育管理多项业务具有重要意义，比如可应用于贫困家庭学生精准资助、行为异常学生及时预警、学生成长规划方案推送、学生综合评价等。

3. 教师全维画像

根据教师家庭状况、性格、兴趣爱好、政治面貌、学习经历、工作经历、交流学习、研究方向及成果、带教班级、奖罚情况等全生命周期大数据，形成教师全方位实时动态画像，包括家庭状况、性格、兴趣爱好、思维、热情、创意、精神、技能方法、经验、成果等描述标签。

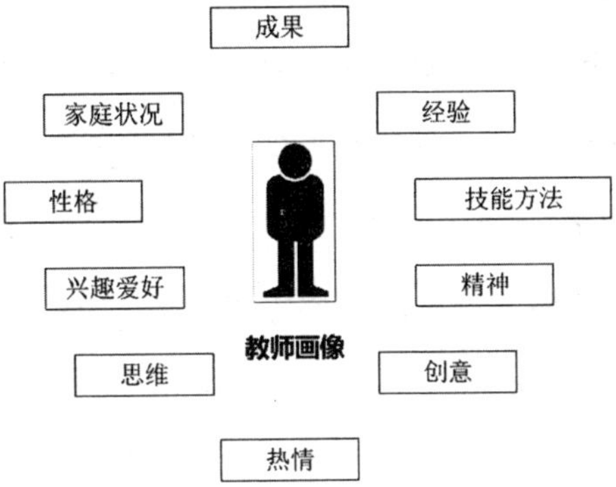

图 6-21

4. 校园管理决策

根据各学院、年级学生课程、科研、实践、文化、网络、心理、管理、服务、资助、组织大数据，发现共性问题，并实现基于系统模块教务、学工、后勤、团委、党组等多部门协商的机制。比如，根据在校学生在校园论坛、贴吧等网络平台上的搜索历史、发表言论，利用大数据分析技术，得出校级、院级层面热点舆情，并对舆情实时监控处置。

（三）智慧化服务平台

该子系统包含数据基本操作、学生思政服务、学生文化服务、学生生活服务 4 个功能模块。

1. 数据基本操作

包括思政、文化、生活、心理等推文的上传、编辑、导出。

2. 学生思政服务

思想政治重要理论成果、政策文件的展播，重大专题征文，思政主题互动，形成网络思政育人的浓厚氛围。

3. 学生文化服务

地方文化资源推送，校园文化品牌呈现，线上人文活动举办，文化主题互动，形成以文化人、以文育人的人文气息。

4. 学生生活服务

二手市场、兼职公告、旅游、交友等“生活便利圈”，方便学生在校生活，提升学生生活体验。

（四）自主化记录平台

该子系统包含数据基本操作、学生记录审核、学生评价录入、学生异常预警 4 个功能模块。

1. 数据基本操作

学生成长记录编辑、查询、统计等。成长记录可涵盖德智体美劳五方面。

2. 学生记录审核

学生奖罚等重点记录的审核。

3. 学生评价录入

教师评价、同学评价、家长评价、实习单位评价的录入。

4. 学生异常预警

学生预警信息的输入、跨部门发布等。

（五）共享化案例平台

该子系统包含数据基本操作、学生案例浏览、学生案例研讨、学生案例统计 4 个功能模块。

1. 数据基本操作

学生案例上传、编辑、导出等。

2. 学生案例浏览

学生案例查询等。

3. 学生案例研讨

就学生案例在线研讨、分析等。

4. 学生案例统计

按学院、年级、班级统计各种类型案例等。

第七章

三全育人信息化建设评价

任何一项业务的发展都离不开考核评价的推动。对高校信息化程度及水平的考核评价也是如此。

第一节　高校教育信息化评价国内外研究现状

一、国外研究现状

1998年美国的两个专业协会—高等院校系统交流组织（College And University Systems Exchange，简称CAUSE）和大学校际交流委员会（Interuniversity Communications Council，简称EDUCOM）成立了美国EDUCAUSE。EDUCAUSE由高等院校、高等教育研究机构和信息技术企业三部分组成，旗下共有来自43个国家的2316所高校，其中包括美国高校2040所，可以说几乎涵盖了所有类型的高等教育机构，因此非常具有代表性。它是当今世界上最大的高等教育信息化专业组织，也是一个非营利的行业协会，目的是利用信息技术促进高等教育的发展。

EDUCAUSE 旗下的应用研究中心（EDUCAUSE Center for Applied Research，简称 ECAR）则通过开展教育信息化研究，为高校信息化建设提供了智力支持。

美国自 20 世纪 90 年代开始的“校园信息化项目”（The Campus Computing Project，即 CCP），以质性和量化的方法对美国大学的信息化开展了调查，并以此为基础，每年公布一份关于美国大学信息化的研究成果，为全球高等院校的信息化建设提供借鉴。

美国提出的 LTIF 框架（Level of Technology Implementation Framework）把信息技术整合水平分为 1—6 级进行评价，即意识（Awareness）、探索（Exploration）、激励（Infusion）、机械综合（Mechanical Integration）、常规综合（Routine Integration）、扩展应用（Expansion）、改良应用（Refinement）。

美国教师教育 STaR（School Technology and Readiness）开发出一套包含一系列评价指标的评价量表，用以度量教师教育项目技术整合状况。评价指标主要包括学校信息化战略规划、经费提供情况、基础设施的建设情况以及对教室使用信息化的技术支持等。根据 STaR 评估量表，学校信息化水平可分为理想型、低级型、中级型和高级型 4 个等级。

亚洲主要国家和地区的教育信息化评价主要参照 ACCS（Asian Campus Computing Survey）项目。2002 年，ACCS 项目在我国香港启动，并与美国 CCP、北京大学、日本国立多媒体教育学院、韩国梨花女子大学和新加坡国立大学等机构联合开展了对亚洲近千所大学的信息化研究。本研究目前是亚洲最有影响力的高校教育信息化评估研究，对亚洲地区高校的信息化建设发展起到一定的促进作用。

二、国内研究现状

在评价指标体系上，我国已颁布了《国家信息化指标体系》和《中国企业信息化指标体系方案》。《国家信息化指标体系》由信息资源、国家信息网络、信息技术应用、信息技术与产业、信息化人才、信息化政策法规和标准六个方面组成。《中国企业信息化指标体系方案》则提出了6个一级指标（包括：战略地位、基础建设、应用状况、人力资源、安全、效益指数），21个二级指标。目前我国已有不少学者开展了教育信息化评价体系和评价方法的研究，但大多还处于理论探讨阶段。

我国对高校教育信息化评价方面开展研究的专家学者主要有：张豪锋、孔凡士的“教育信息化评价指标体系”，刘军跃、徐刚等的“高等教育信息化评价指标体系”，朱桂娟在信息化水平测评系数法等。他们选用的指标大多是以《国家信息化指标体系》中所设立的六要素为基础，再结合各高校教育信息化的实际情况，制定出来的。因此这些指标体系既有共性，又各有特色。

第二节 高校教育信息化评价指标体系构建思路及原则

一、构建思路

（一）明确目标，提升水平

高校进行教育信息化评价，最重要的目的就是掌握本校教育信息化的程度，并衡量目前的教育水平是否能够满足教育教学的要求。通过对教育信息化进行评估，以此为依据持续修正和优化，使高校的信息化水平全面提升，为学校的教育教学等全方面提供支撑。

（二）明晰现状，展望未来

就目前来看，我国各高校教育信息化建设水平参差不齐，与国际先进国家还有很大差距，很多高校在信息化建设方面还须大力提升。在对高校开展教育信息化评价的时候，须从我国实际情况出发，基于我国教育信息化建设整体水平和发展趋势，进行全面、科学、系统的评价①。

（三）借鉴经验，合理优化

我国其他行业在信息化建设方面比较成熟，并已建立起了比较完备

① 中华人民共和国教育部．教育部关于印发《教育信息化 2.0 行动计划》的通知［EB/OL］.

的评价指标体系。高校可以对其他行业领域的信息化建设评价经验进行学习，再结合学校本身的特点及发展需求，对现有的评价指标体系进行改进、优化，构建一套符合高校自身发展特点的教育信息化评价指标体系。

二、构建原则

高校教育信息化评价指标体系的构建，既要满足新时代高等教育的总体需求，又要适应教育信息化的发展趋势，要遵循科学性、先进性、智慧化、引导性、可持续、动态性的原则。

（一）科学性

要遵循高校发展现状和发展规律，根据高校的实际需求，以政策文件为支持，选择能反映高校教育信息化建设水平的要素纳入指标体系。

（二）系统性

要充分考虑高校发展现状和趋势，指标的选取要有利于高校的健康快速发展，体现评估的全面性。

（三）开放性

要充分反映评价指标的开放性和动态性，并随时注意其特征和实际情况，适时地加以改进与补充。

（四）可操作性

就是在选取评价指标体系时不能一味地追求尽善尽美，而要考虑到指标数据的可获取性，也就是能否收集到评价所需要的数据资料。

（五）可比性

要求选取的评价指标可以对我国不同区域高校教育信息化建设水平

的差异进行横向比较，并在特定情况下进行纵向跟踪对比，从而提高评价结果的可信度。

第三节 高校教育信息化评价指标体系构建实施

一、指标选取及确定

结合国内外高校教育信息化评价指标体系的研究成果，通过确定一二级指标和计算权重来构建高校教育信息化建设水平评价指标体系。

（一）一级指标选取

《教育信息化十年发展规划（2011—2020）》（以下简称《十年规划》）指出，高教教育信息化建设的主要任务包含促进教育内容和高校高质量发展、教学资源和管理的现代化以及创新人才培养机制体制等。在文献整理和归纳的过程中，发现很多学者对《十年规划》进行了详尽而系统的研究与分析，在这一基础上，建立起了高校教育信息化建设水平评价指标体系，其中主要包含了基础设施建设、信息化管理、信息技术、教学资源利用及创新人才等方面内容。以牛思琦、马健为例，他们选择了5个一级指标，即基础设施建设、数字资源共享、资源利用率、信息化管理和体制机制保障。

（二）二级指标选取

以牛思琦、马健构建的高校教育信息化评价指标为例，其二级指标共15个，包括宽带互联网、电脑终端配备、多媒体教室、数字教学平台、网络考试系统、线上课程比例、多媒体教室使用情况、教学信息化系统、设备网络共享、校园一卡通、管理功能系统、安全功能系统、教育信息化培训人数、信息化专职教师配比和信息化建设经费投入。

二、指标权重计算

如何确定指标的权重，直接关系到对学校教育信息化建设水平的评价结果。确定指标的权重可采用德尔菲法、层次分析法、专家打分法、比较分析法等。

（一）层次分析法

层次分析法它是由美国的 T. L. Sstty 和几位知名的运筹学家所提出来的一种决策方法。它是运用数学的方法，将问题相关的元素分解为目标和方面，再对其进行测算，最后决定一个方案的过程。一般先构造层次分析结构，再构造判断矩阵，然后进行一致性检验，最后进行指标权重计算。该方法具有原理简单、便于准确量化等特点，是进行系统分析与科学决策的非常有效的手段。但是，这种方法也存在诸多问题，例如主观性强、容易造成失误等等。

（二）专家会议法

专家会议法主要是通过邀请高校信息化领域的有关专家，以会议的方式，相互交流意见和看法，头脑风暴，让最后的结论逐渐趋于合理。这种方法比较简单，也比较容易掌握。

（三）德尔菲法

德尔菲法又称为“专家调查法”，它是以一种专家意见为主，结合专家会议意见的定性的预测方法。主要流程是分发问题表征求专家意见——整理反馈专家意见——得出预测结果。

（四）主成分分析法

主成分分析法这种方法不依赖专家的判断，是一种对信息浓缩、对指标降维的简化指标体系的方法。该方法首先要给出一个样本数据矩阵，在此基础上计算出矩阵的特征值和特征向量，再确定主成分数目，再为每个主成分计算线性加权值，最后计算所有主成分的加权之和。该方法可使指标结构简单化，适合指标间相关性强的目标。然而该方法所需的主成分数量较多，使得指标降维效果并不显著。此外，该方法相对而言是一种综合评价，评价结果会受到评价对象数量的影响。

在实践中，常常将上述几种方法有机地结合起来，使其各自的优势得以充分利用，从而对信息化水平进行全面的评价。表 7-1 为牛思琦、马健构建的高校教育信息化建设评价指标体系。

表 7-1　高校教育信息化建设评价指标体系

一级指标	权重	二级指标	权重
基础设施建设	0.15	宽带互联网	0.31
		电脑终端配备	0.32
		多媒体教室	0.37
数字资源共享	0.25	数字教学平台	0.23
		网络考试系统	0.43
		线上课程比例	0.34
资源利用率	0.28	多媒体教室使用情况	0.18
		教学信息化系统	0.28
		设备网络共享	0.54

续表

一级指标	权重	二级指标	权重
信息化管理	0.18	校园一卡通	0.42
		管理功能系统	0.35
		安全功能系统	0.23
体制机制保障	0.14	教育信息化培训人数	0.26
		信息化专职教师配比	0.42
		信息化建设经费投入	0.32

附　录

信息化教育优秀案例

为纵深推进教育数字化战略行动，深入发展智慧教育，促进智慧教育领域经验总结和互学互鉴，加强优秀案例分享和国际传播，在教育部科学技术与信息化司指导下，“智慧教育示范区”创建项目专家组秘书处与教育部教育信息化战略研究基地（北京、华中、西北）开展了智慧教育优秀案例征集活动。

2023 年经过申报或推荐、案例撰写培训和修改、专家遴选、公示等环节，共确定 324 个智慧教育优秀案例，其中区域发展类 74 个、学校实践类 226 个、解决方案类 12 个、研究成果类 12 个。下表为 2023 年度智慧教育优秀案例名单。

序号	案例类型	案例名称	作者	作者单位
1	区域发展类	人工智能技术构建中华民族共同体意识教育新形态	阿尔祖古丽·卡地尔，王劭博	新疆和田地区皮山县教育局，新疆和田地区教师培训服务中心

续表

序号	案例类型	案例名称	作者	作者单位
2	区域发展类	西城区探索“数智学习”新样态，以数字化转型助推教育优质均衡发展	北京市西城区教育委员会	北京市西城区教育委员会
3	区域发展类	虚拟实验新模式　智慧教育新变革——汉阳区虚拟实验教学共同体案例	蔡葵，谭婷，张宝军，盛菁	武汉市汉阳区教育局
4	区域发展类	全面推进教育数字化，助力金水教育高质量发展	曹鹏举，段立群	郑州市金水区教育局
5	区域发展类	“智慧五育”：打造数字化转型的天心样本	曹绍峰，周为峰	长沙市天心区教育局
6	区域发展类	以数字化转型推动融合教育高质量发展	陈俊，邹雪纯，彭丹，段金花	长沙市雨花区教育局，长沙市雨花区特殊教育资源中心
7	区域发展类	数字化转型赋能鹿城教育高质量发展	陈胜利，唐小挺，王振宇	温州市鹿城区教育局，温州中津先进科技研究院
8	区域发展类	福州市青少年人工智能教育体系建构实践	陈佐宇，黄晨钟，夏建雄	福州市教育局，福建省华渔教育
9	区域发展类	数字化赋能区域中小学学生运动素质和体质健康高质量发展	崔国华	淄博市临淄区教育和体育局

续表

序号	案例类型	案例名称	作者	作者单位
10	区域发展类	整合增效实现迭代发展 问题导向推进数据创新——海淀智慧教育平台融通及教育大数据服务的实现路径	杜荣贞 1，吴颖惠 2，刘大鹏 1	1 海淀区教育委员会，2 海淀区教育科学研究院
11	区域发展类	培育文化自信：立足广州的粤港澳大湾区全学科智慧阅读教育的创新实践	方晓波	广州市教育研究院
12	区域发展类	探索区域普及“智慧课堂”建设应用新模式	冯卫，尹远洪，孙幼平，阳艳萍	长沙市芙蓉区教育局
13	区域发展类	智慧装备管理：为教育现代化装上“智慧引擎”	洪宇，陈佐宇	福州市教育局
14	区域发展类	聚合数据智慧 惠利入学民生——南昌市数字化赋能义务教育智慧入学案例剖析	胡洪明，沈艳，何永明，许亦静，江瑞芬	南昌市教育考试院
15	区域发展类	统建共享、创新应用智慧教育平台	黄家涛 1，黄彬 2	宜昌市教育信息技术中心
16	区域发展类	数据赋能：构建区域教育智治新样态	黄菊敏 1，陈适 2	1 温州市瓯海区教育研究院，2 温州市教育技术中心

续表

序号	案例类型	案例名称	作者	作者单位
17	区域发展类	优化精准作业管理，推动智慧教育发展	黄涛，陈志高	青岛市崂山区教育和体育局
18	区域发展类	推进区域教育数字化转型，培养面向未来的创新人才	黄晓婷，李颖，方晓波，彭斌，曾海	广州市教育局，广州市教育研究院，广州市电化教育馆，广州开放大学
19	区域发展类	托底保障，协同推进，实现广州市人工智能教育全域普及	黄晓婷，李颖，彭斌，方晓波，仇雁	广州市教育局，广州市电化教育馆，广州市教育研究院，广州市教育基建和装备中心
20	区域发展类	“智教慧学”新生态　区域研训一体促优质均衡发展	季晓宝，骆成明	芜湖市繁昌区教师发展中心
21	区域发展类	构建智慧教育生态　创新性引导区域基础教育“双减”落地见效	姜涛	沈阳市大东区教育局
22	区域发展类	数据赋能教育　智慧治理提效——成都市武侯区智慧教育大脑建设	蒋晓梅，林迪	成都市武侯区教育局
23	区域发展类	基于云平台视域下的家校社协同育人教育生态	解萍，刘红云，古国栋，段燕青，邵晨冲	运城市教育局

续表

序号	案例类型	案例名称	作者	作者单位
24	区域发展类	信息化大背景下教师评价智能化探索	乐勤光，吴早龙，赵凡，陈红雷	江西省抚州市临川区教育体育局
25	区域发展类	推进县域教育数字化转型的发展模式与策略研究	李婧，王义生，张晓凯	芜湖市南陵县教育局
26	区域发展类	打造特色双师课堂构建教育新生态	李磊，杨成莲	北京市东城区教育委员会
27	区域发展类	点面结合推动实现五育并举，典型场景释放数字资源势能	李磊，张淑敏	北京市东城区教育委员会
28	区域发展类	推进教育数字化，构建区域智慧教育新生态	李伟	天津市河西区教育综合服务中心
29	区域发展类	西工区智慧教育助力义务教育优质均衡发展	李亚宏，张学争	洛阳市西工区教育体育局
30	区域发展类	应用视角下的区域推进智慧校园建设策略——以浙江省温州市区域推进智慧校园2.0建设的五维模式为例	林晔，李钿钿	温州市教育技术中心
31	区域发展类	构建地方智慧教育平台，拓展新型数字教育空间应用场景	刘小奇，董凯华，包伟豪，周润根，黄根	抚州市教育体育局

续表

序号	案例类型	案例名称	作者	作者单位
32	区域发展类	教育数字化“助学、助教、助研、助管、助评”的青岛模式	卢丛波，王鑫	青岛市教育装备与信息技术中心
33	区域发展类	技术赋能教学与教研提质——促进优质资源流转的“一体化联研”和“双师课堂”海淀实践	罗滨，林秀艳，杨智君，耿雅静，王瑞雪	北京市海淀区教师进修学校
34	区域发展类	智慧校园视域下的海淀教研迭代升级	罗滨，姚守梅，申军红，支瑶，钟建业，高琳	北京市海淀区教师进修学校
35	区域发展类	实施四大工程　助力区域数字化转型	马静，吴斌	芜湖市弋江区教育局
36	区域发展类	“双减”背景下基于大数据的精准教学模式探索与实践	缪贤根，徐晨辉，武美华	浏阳市教育局
37	区域发展类	夯实数字化基座，强化教育公共支撑	南星辉，安晨翔，朱文浩，金积海，徐航	兰州市电化教育中心
38	区域发展类	数据驱动精准教学服务教育教学提质减负	倪玉林	云南省普洱市墨江县教育科学研究和培训中心
39	区域发展类	乡村振兴背景下AI赋能边疆地区国家通用语言文字教学提质增效	权丽彦，杨翔	新疆维吾尔自治区电化教育馆，新疆和田地区教师培训服务中心

续表

序号	案例类型	案例名称	作者	作者单位
40	区域发展类	数字化课堂循证的宝山行动——大规模课堂人工智能分析助推教师专业发展	上海市宝山区教育局，上海联课智能科技有限公司	上海市宝山区教育局，上海联课智能科技有限公司
41	区域发展类	打造教育数字基座，整区推进教育数字化转型	上海市长宁区教育局	上海市长宁区教育局
42	区域发展类	基于高质量数字作业的活力教育实践，助力区域教育内涵式发展	上海市长宁区教育局	上海市长宁区教育局
43	区域发展类	集群、协同、多元——基于国家智慧教育平台试点助推区域教研发展的实践	苏晗，陈刚	成都市金牛区教育局
44	区域发展类	以数字化推进区域智慧教育新生态构建——智慧赋能基础教育高质量发展的长沙探索	孙传贵，缪雅琴，聂庭芳，周小青	长沙市教育局
45	区域发展类	以数字化提升综合素质评价水平	孙传贵，聂庭芳，周小青，汪建业	长沙市教育局
46	区域发展类	创新“三化一训”模式 助力区域智慧课堂教学整体变革	滕虎，王少龙	宁夏银川市兴庆区教育局

续表

序号	案例类型	案例名称	作者	作者单位
47	区域发展类	“以师育师”，助力区域教育数字化转型	田品，刘勇，周俊辉，张新卫，刘翔贵，陈俊，曹谦，孙向平，李良，雷冀	长沙市南雅中学，长沙市雨花区教育局，长沙市雨花区教育科学研究所，长沙市雨花区艺术体育科学中心，长沙市雨花区现代教育信息技术与装备中心
48	区域发展类	数字化转型背景下的区域 VR 教学探究与实践	万亚军，赵欢，刘小琴	南昌市教育评估监测和技术推广中心，南昌市八一中学
49	区域发展类	人工智能促进教育整体治理效能提升	李亭一，王冬	重庆智慧教育创新中心
50	区域发展类	创新驱动　内涵发展　增效提质：人工智能助推海淀区教师队伍高质量一体化发展	王方 1，杜荣贞 1，吴谨 1，刘大鹏 1，左滨 1，罗滨 2，姚守梅 2，申军红 2，刘锌 2，张晓 2，谢婧 2	1 北京市海淀区教委，2 北京市海淀区教师进修学校
51	区域发展类	数字赋能教师信息化教学创新能力提升	王万顺，后德玉，吴余	芜湖市湾沚区教师发展中心
52	区域发展类	青岛市城阳区学前教育物联网大数据平台建设研究	王文，江翀	青岛市城阳区教育和体育局
53	区域发展类	区域个性化学习平台的设计与实践	王喆，董婧	北京市东城区教育科学研究院

续表

序号	案例类型	案例名称	作者	作者单位
54	区域发展类	“一师一档案”赋能区域教师队伍建设	魏文杰，李华，万义峰	南昌高新区教育事业发展中心
55	区域发展类	数字化转型推动乡村教育振兴——以数字化手段建设智慧型教师队伍	武佩峰 1，李文俊 1，王猛 2，尚积平 2，汪乐乐 2，姜志恒 2	准格尔旗教育教学研究中心
56	区域发展类	区校一体构建新型教与学的“渝中模式”	肖方明，龚方德	重庆市渝中区教育委员会
57	区域发展类	打造“数字引擎”构建芜湖教育社会服务和治理新生态	肖玲，方媛	芜湖市电化教育馆
58	区域发展类	我把诗词写给你看——书法智慧教育的探索与实践	晏晋芳，叶芳，李莉，熊麒麟，徐艳标	武汉市洪山区教育科学研究院
59	区域发展类	湖南湘江新区深入推进教育数字化转型助力教育高质量均衡发展	杨金林，宋晶，雷云飞，王钟元	湖南湘江新区管理委员会教育局
60	区域发展类	上联下动·智能技术赋能下的学生综合素质评价	杨顺莹，黄晓燕，张航，叶剑，魏彤晨	成都市青羊区教育科学研究院
61	区域发展类	数字化转型赋能市南教育高质量发展	叶少远	青岛市市南区教育研究中心
62	区域发展类	构建五育融合教育治理与服务双循环体系的区域实践	恽敏霞，何美龙	上海市闵行区教育局

续表

序号	案例类型	案例名称	作者	作者单位
63	区域发展类	“三联四统五促进”构建教联体建设新格局	张波，张滢滢	湖北省荆门市掇刀区教育局
64	区域发展类	智慧教育：昆明市五华区教育信息化的探索与实践之路	张洪荣，张效琦，戈应彪，全文瑛	五华区教育体育局，五华区基础教育发展研究院
65	区域发展类	依托智慧教育大脑，推动数字治理转型	张俊辉，唐玮，苏云成	苏州高新区（虎丘区）教育发展中心
66	区域发展类	持续推动深入应用，为学生综合素质评价保驾护航	张永喜	山东省教育厅基础教育处
67	区域发展类	以“基座+生态”推进区域教育数字化整体性转型	张云峰	上海市宝山区教育局
68	区域发展类	依托智慧教育大平台的中小学教学资源库建设	赵剑云 1，刘光文 1，张楠楠，1 蒋婷婷 2	1 成都市双流区教育科学研究院，2 成都市双流区教育技术装备管理中心
69	区域发展类	教育数字化赋能边疆少数民族地区教育高质量发展	赵军	新疆维吾尔自治区喀什地区教育局
70	区域发展类	区域提升教师智能教育素养的途径探究	周俊辉	长沙市雨花区现代教育信息技术与装备中心

续表

序号	案例类型	案例名称	作者	作者单位
71	区域发展类	智慧教育赋能乡村教师队伍高质量发展	周文科	贵州省紫云自治县教育和科技局
72	区域发展类	靶向学情，精准施教——基于学习图谱的常态化学情分析系统应用	朱峰，王嵇春	太仓市教育信息化中心
73	区域发展类	建设区域精准教学支持体系　助力教育数字化转型整体推进	朱靖，刘太如	上海市闵行区教育学院
74	区域发展类	以数字变革推进武汉教育数字化转型发展	朱俊	武汉市教育局
75	学校实践类	城乡携手同步课堂　让孩子成为学习共同体“双师课堂”在共同体教育教学中的实践探索与思考	安炜刚，李莉，吴莉，成锦，刘金枝	垣曲县新建小学
76	学校实践类	陇西县思源实验学校“智慧教育标杆校”建设实践	安永忠，王冲，郭江娟	甘肃省定西市陇西县思源实验学校
77	学校实践类	大数据在学校数字化管理实践中全方位应用	蔡荣啸，王群	山东省青岛第九中学，山东外贸职业学院
78	学校实践类	智慧师训理念引领大数据画像一以广州市新教师画像大数据应用为例	曾海，吴君胜，洪亚楠，黄月盈，钟均浩	广州开放大学教师教育学院

续表

序号	案例类型	案例名称	作者	作者单位
79	学校实践类	数字赋能，促进川渝两地学生联动发展——以六年级毕业联谊辩论会为例	曾晓丽，田中露，赵颖	重庆两江新区星湖学校
80	学校实践类	一破二立三推动 互助共学乐成长——依托数字化平台助力校家协同育人案例	曾永宏，张莉，向秋菊，李正玲，胡晓红，李洪，尹婷	重庆科学城新凤小学校
81	学校实践类	做全国最专业的智慧校园办公软件—校长驾驶舱	陈方平，谭丽锋，赵一琛，帅金凤，尤悦，胡梅玲	江西软件职业技术大学
82	学校实践类	后疫情时代线上线下融合的智慧课堂教学路径探析	陈飞 1，宋彬 2，李玉顺 2，陈延军 1	1 北京师范大学实验小学，2 北京师范大学教育学部
83	学校实践类	启智聚慧　精教细研——智慧教研助推“双微驱动”下的课堂教学微改进	陈宏	广州市花都区邝维煜纪念中学
84	学校实践类	基于实践共同体的网络精准化帮扶模式的构建与创新	陈家权	广州市番禺区教师进修学校（广州市番禺区教师发展中心）
85	学校实践类	双师四同：基于信息化智慧教育平台的教研新模式	陈建芬	浙江省温州市龙湾区第一小学

续表

序号	案例类型	案例名称	作者	作者单位
86	学校实践类	基于“教－学－评”一体化的智慧教育实施案例	陈建平，黄欣华，何金联	广州市花都区秀全外国语学校
87	学校实践类	顺应变化寻突破，“数”“智”转型助发展	陈婕 1，陈轩 1，梁琴 2，杨小双 2	1 贵阳市第三中学，2 科大讯飞股份有限公司
88	学校实践类	“学·研·用”教师进阶研训推进区域智慧教学的创新实践案例	陈锦波，向春艳，张晓娟，杜志军，梁丽芬，李毓嘉	广州市荔湾区教育发展研究院
89	学校实践类	深化智慧校园建设 数据赋能教育高质量发展	陈军令，杨志现	厦门市同安区第三实验小学
90	学校实践类	智慧教育助力小学课堂教学的实践应用	陈明艳，李晓琼，高毅	重庆两江新区金州小学校
91	学校实践类	自研数据分析工具，支持体教创新实践	陈威	宁夏银川市金凤区第五小学
92	学校实践类	初中 AI+课程中的变色花实验	陈霞，黄丽敏，关雯欣，李道丽	广州开发区中学
93	学校实践类	借助人工智能 赋能教研方式的变革	陈小静，邱彦	福州市达明小学
94	学校实践类	基于大数据的课堂观察与精准分析——以小学数学《分数的再认识》一课教学为例	陈晓超	苏州市实验小学校

续表

序号	案例类型	案例名称	作者	作者单位
95	学校实践类	“五育”并举促全面发展　多元融合育时代新人	陈雅婷	武汉经济技术开发区新城小学
96	学校实践类	数字化引领教育现代化——南沙小学人机协同下“教-学-评-管”一体化应用模式的探索实践	陈燕纯，曾志伟，邹俊，苏泉月	广州市南沙区南沙小学
97	学校实践类	基于智能家居的人工智能课程项目式教学	陈雨漩	广州市黄埔区港湾中学
98	学校实践类	数字赋能“五味”生“慧”	陈忠江，杜琳洁，张晶晶，王红，李衍山	胶州市第五实验小学
99	学校实践类	激发成长内驱力——“能量风车”学生发展性评价的实践研究	成艳芳，秦亚莉，李昊	武汉市江岸区鄱阳街小学
100	学校实践类	新时代农村小学劳动教育中浸润美育的工作案例	崔文芳	甘肃省陇南市康县寺台镇中心小学
101	学校实践类	多结构“家+”英语课程集团化建构	崔旸，金琳，藏娜，齐瀛，张弘	北京市东城区史家胡同小学
102	学校实践类	信息技术支持下的科技微课开发，实现学生深度学习	崔云鹤	东城区青少年科技馆

续表

序号	案例类型	案例名称	作者	作者单位
103	学校实践类	适性而学　创育未来——“三段十步”STEAM 项目式教学模式在小学课堂的运用	邓辰	武汉经济技术开发区神龙小学
104	学校实践类	塑造“未来”教师，面向未来而教——“葵园 e 家”助力学校发展数智时代的好教师	邓翼涛	北京市海淀区中关村第一小学
105	学校实践类	利用电子化介入方式提升自闭症学生课堂学习专注力的个案研究	丁琳	广州市越秀区启智学校
106	学校实践类	“互联网+”赋能教学变革“163 课堂”开启智慧教育篇章	董莉，拜少宁	宁夏银川市兴庆区第二十五小学
107	学校实践类	数字化转型背景下的智慧校园建设与应用	董随东，马智勇，王琦	北京市信息管理学校
108	学校实践类	以智慧创造智能，探索小学教育数智化转型的创新实践	窦桂梅，梁营章，王建刚，张征，冯佳琪，宋静雯，崔占	清华大学附属小学
109	学校实践类	书香润童心，智慧新阅读——利用“互联网+”智慧阅读进行有效阅读	杜靖琳	广州市番禺区洛浦上漖小学

续表

序号	案例类型	案例名称	作者	作者单位
110	学校实践类	校外实践数字化赋能教育共富	范寿仁，谢瑞波，曹志勇，孙晓敏	浙江省丽水市教育局
111	学校实践类	“智慧平台+”赋能校本教研双线发展的实践研究	范同娟，叶成杰	芜湖市无为市实验中学
112	学校实践类	数智融合：“RUI大脑”赋能小学生综合评价新样态	方飞岳，郑芳，李琼琼，林芳芳，许佩瑶	浙江省温州市瑞安市塘下实验小学
113	学校实践类	线上线下教育融合，提升学生学习效果的策略研究	盖梦凡	北京市海淀区翠微小学
114	学校实践类	聚焦智慧教育，提升办学水平——襄安镇肖庄小学关于国家中小学智慧教育平台应用的实践与反思	高成勇，吴昊	无为市襄安镇肖庄小学
115	学校实践类	“智”联劳动“慧”现精彩——谈“生活即教育”理念下小学劳动课程与信息科技融合的实践案例	郜文娟，吴永婷，许炫	南昌市红谷滩区华南路小学（站前路学校红谷滩校区）
116	学校实践类	多样验证，联系迁移，发展学生空间观念	耿慧，王娟，赵淑繁	北京汇文实验小学朝阳学校
117	学校实践类	南京航空航天大学智慧校园指挥中心建设案例	龚京民，王兴虎	南京航空航天大学

续表

序号	案例类型	案例名称	作者	作者单位
118	学校实践类	依托教育大数据　促进精准教与学	龚宇，刘菲菲，李辉，石美玲，王睿智，杨兴华	长沙市第十一中学
119	学校实践类	中教云数字教材支持下的小学数学教学实践	谷光梅	重庆大学城第二小学校
120	学校实践类	巧用智慧阅读平台革新阅读教与学	关绮雯，黄燊，程铃，陈玉燕	广州市番禺区实验小学
121	学校实践类	利用“苏格拉底”教学行为大数据，助力教师专业能力提升	郭丽丽，徐琦琪，刘婉梅	广州市花都区新华街棠澍小学
122	学校实践类	“小按键”助推“智课堂”——数字化环境下的课堂评价探索	郭灵，李升，蒋伟，黄小海，赖艳红	福州市中山小学
123	学校实践类	利用信息技术提高小学数学计算教学质量的策略	郭蕊，张书娟，谭若琳	郑州市中原区澜景小学
124	学校实践类	数据赋能推动山东大学学院数字化转型	郭晓东，陈琳，展鹏，李腾，李振	山东大学
125	学校实践类	信息启新路智慧育新人—长沙高新区雅礼麓谷中学开源鸿蒙智慧校园研究与实践	虢志宇，刘陆军，周慧，田凯，陈爽，向颖	长沙高新区雅礼麓谷中学

续表

序号	案例类型	案例名称	作者	作者单位
126	学校实践类	联动共建　协同共享　数字赋能——校企共建双元 E+协同育人平台	韩飞，王成忠	江苏省太仓中等专业学校
127	学校实践类	以数字化赋高质量发展　构建智慧教育新生态	何龙，彭婷	四川省广元市剑阁县香江实验学校
128	学校实践类	智慧教室环境下的小学美术教学实践案例	何青云，陈素彬，袁超，吴国斌，陈晓宁	广州市黄埔区怡园小学
129	学校实践类	双师混合式课堂实践　绽放深度融合之花	何艳菊	南昌市豫章中学
130	学校实践类	数字画像，让每个学生成长可见	胡繁华，刘书芹，杨云轩	青岛八大峡小学
131	学校实践类	凝“智”云平台　聚“慧”新教研——望兵石学校应用智慧教育平台跨学科教研案例	胡飞，袁志刚	湖北省荆门市掇刀区望兵石学校
132	学校实践类	赋能乡村教师专业成长的混合式校本研修方式新探索	胡平，汤松柏，缪贤根，龙凤	浏阳市道吾中学
133	学校实践类	城乡合作开发乡村小学综合实践活动课程资源的实践案例	胡艳，王建琼	四川省成都市武侯实验小学，四川省德阳市中江县集凤镇中心学校

续表

序号	案例类型	案例名称	作者	作者单位
134	学校实践类	人工智能视域下育人方式的变革创新与实践	胡友永，李晨曦，崔晓雪，张梦雅，袁美英，高鑫，张钟月	雄安容和第一高级中学
135	学校实践类	“数字画像”牵引，“四新行动”助力“四有好老师”——成都市龙江路小学中粮祥云分校人工智能助推教师专业发展案例	黄成凤，郭根，贾冬	成都市龙江路小学中粮祥云分校
136	学校实践类	智能实验教学模式研究——以《网店实战实训》课程为例	黄军梅，罗维，陈婷婷，刘鹏	广州市城市建设职业学校
137	学校实践类	基于 UMU 平台的混合式教学模式的应用——以《不等式与不等式组》单元复习课为例	黄少芳	中国教育科学研究院荔湾实验学校
138	学校实践类	创建数字未来中心，培养新商科高水平人才	黄先开，左敏，曹显兵，杨华	北京工商大学
139	学校实践类	乡村小学人工智能教育实施策略的探索与实践	黄醒球	广州市番禺区市桥蚬涌俊贤小学

续表

序号	案例类型	案例名称	作者	作者单位
140	学校实践类	基于五育并举的学生综合素质评价改革实践研究——成都市泡桐树小学“1+3”评价体系探索	黄艺竹，陈熹	成都市泡桐树小学
141	学校实践类	探究学习中 AR 资源的应用路径研究	贾静	北京市东城区灯市口小学
142	学校实践类	四程递进、技术赋能：吉林铁道职业技术学院数据治理与智慧教育应用实践	姜彬峰，马学超，沈晶伟	吉林铁道职业技术学院
143	学校实践类	智慧劳动教室引领教学方式变革的探索与实践	蒋诚	长沙县湘龙小学
144	学校实践类	基于数据分析的精准化教学实践研究	蒋磊	北京市第五中学
145	学校实践类	家校协同，护航孩子的心灵之窗——基于学生视力数据的家校视力健康协同共育机制构建	蒋宛萍	上海市闵行区田园第二外语实验小学
146	学校实践类	数据赋能　精准育人——“五育融合”下的数字画像助力学生全面发展	金艳，王瑞枫，姜莱	四川大学附属实验小学南区学校
147	学校实践类	建立校外辅导员资源库，家校社携手少先队“线上”育人	景影	北京市东城区东四十四条小学

续表

序号	案例类型	案例名称	作者	作者单位
148	学校实践类	构建一体化支持体系为个性化教育赋能	景志国，马浚，邓慧翀	北京大学附属中学
149	学校实践类	基于在线数学实验室的个性化深度探究学习	赖晓晖，林霞玉	福建省福州高级中学
150	学校实践类	“互联网+虚拟数字实验”赋能物理智慧课堂教学模式应用	雷云	山东省青岛第二十四中学
151	学校实践类	大数据支撑下的智慧作业资源的共建共享研究	冷丽梅，沈俊惠	南昌市二十八中教育集团青云学校
152	学校实践类	给阅读插上智慧的翅膀	黎景嫦	广州市增城区荔江小学
153	学校实践类	小学低年段人工智能课程双师教学的实践探索	黎敏慧	广州市海珠区怡乐路小学
154	学校实践类	F5G全光网络赋能智慧教育创新发展	黎胤，王斌，文叶青	中南大学
155	学校实践类	未来儿童数智驾驶舱：赋能幼儿园高质量发展	李阿慧	萧山区开悦幼儿园

续表

序号	案例类型	案例名称	作者	作者单位
156	学校实践类	智能手机 APP 应用于中学地理教学的实践——以《地理信息技术在区域地理环境研究中的应用》一课为例	李斌	南昌二十三中
157	学校实践类	智慧环境下五育融合课堂实施案例	李斌，袁晕虹，朱建元	重庆两江新区重光小学校
158	学校实践类	“一横十纵”推进城乡教育一体化融合发展	李春明，王贤，罗文峰，张琦	广州市白云区教育研究院
159	学校实践类	大山里的合唱团 跨越山海唱响爱——荔惠政企协作优势互补，专递课堂以美育谱新曲	李慧坤，冯杰	广州市荔湾区青少年宫
160	学校实践类	科技赋能未来学校 智慧引领教育发展——以长沙县百熙实验未来学校建设为例	李金竹，陈婷，彭丹	长沙县百熙实验学校
161	学校实践类	大数据支持下“三阶九步”创新教学模式实践研究	李珏，胡成	长沙市第六中学
162	学校实践类	“七小在线”智慧阅读育人范式的幸福育人走向	李亮善，李岚	甘肃省兰州市七里河区七里河小学
163	学校实践类	聚焦农村小学红色教育学习空间建设	李茂珍	广州市番禺区南村镇樟边小学

续表

序号	案例类型	案例名称	作者	作者单位
164	学校实践类	智慧教学赋能乡村师范生数字素养提升的实践探索	李梅，李佳楠，李维龙，赵艺真，陈佳林，尚冬华，张明，张翊武	湖南民族职业学院
165	学校实践类	数字化赋能 助力师生成长——兰州市城关区雁宁路小学开展“数字素养校园行”活动	李明容，魏振江	兰州市城关区雁宁路小学
166	学校实践类	芜湖一中大数据支撑下智慧校本作业探索研究	李平，曹承和，何家传	芜湖市第一中学
167	学校实践类	智慧教育赋能教学管理，助力提质增效	李群，左小丽	江西师范大学附属博文实验学校
168	学校实践类	学校教研管理数字化转型实践	李祥，胡攀知，周丽娟	武汉市黄陂区实验小学
169	学校实践类	“数智化”赋能教育管理，聚焦智慧校园高品质建设	李祥新，吴楠，王振星	山东省轻工工程学校
170	学校实践类	智慧纸笔助力精准教学，概要写作落实核心素养	李雪	华东理工大学附属闵行科技高级中学
171	学校实践类	智慧教育提升综合素养 STEAM 教学助力学科融合	李雪飞，李慧珑	北京市第一七一中学附属青年湖小学（北京市东城区青年湖小学）

续表

序号	案例类型	案例名称	作者	作者单位
172	学校实践类	基于数字环境的“智美融合　云上书法”艺术教育资源开发与整合运用的实践探索	李艳，白利娜，王冬，王杨，云锋，廖丙林	重庆两江新区云慧小学校
173	学校实践类	基于教育数字化创新的《影视短片创作》翻转课堂实践	梁福春，钟冰，覃思源，邹金篪，钟慧蝉	广西艺术学院，南宁市天桃实验学校，南宁职业技术学院
174	学校实践类	小学 AR 智慧教育解决方案-AR 美术鉴赏	梁宁清 1，高攀 1，韩绍坡 2	1 杭州灵伴科技有限公司，2 杭州市西湖区三墩小学
175	学校实践类	双减背景下基于数据分析的精准讲评课案例	林红艳	广州市南海中学
176	学校实践类	智寻“香樟”同心浚源——基于 AI 分类任务的教育集团认同强化实践	林荣辉，陈晨	福建省福州第八中学
177	学校实践类	5G 赋能视域下“互联网+”闽宁合作双线帮扶教育模式探究	林武，李清华，陈雪莹	福州市钱塘小学
178	学校实践类	数智驱动，构筑具有博雅特色的智慧课堂	林晓宇，范雪瑶	重庆两江新区博雅小学校
179	学校实践类	智慧体育让每一朵小桂花绽放生命的活力	林志仁，梁琴，谢赛	长沙市天心区仰天湖桂花坪小学

续表

序号	案例类型	案例名称	作者	作者单位
180	学校实践类	建构“3F”融创课程　创新“三全”教育样态	凌红，刘洁	苏州工业园区文萃小学
181	学校实践类	智慧赋能综合评价“七龙”助力五育并举——魏风小神龙综合素质评价智慧应用案例	凌建红，李慧芳，张春，王琳，李毛宁	运城市盐湖区魏风小学
182	学校实践类	巧用信息技术，优化农村学校智慧阅读课堂	刘菲，陈爱琴，潘秀琼，潘素花，谭敏怡，张丽芬	广州市花都区花东镇中心小学
183	学校实践类	“大规模个性化学习指导”的探索与实践	刘俊学 1，曹毅 2	1 衡阳师范学院，2 湖南工学院
184	学校实践类	地理信息技术在高中地理探究学习中的应用	刘璐	北京市第十一中学
185	学校实践类	“作业学情系统”支持下的学生学习个别化诊断及指导实践探索——以八年级数学备课组例	刘明明，严坤，李垚，吴继红，沈文彬，夏昕，张文胜，张瑞，许楠楠，杨多友	安徽省淮南第十九中学
186	学校实践类	H5 交互课件提升生活数学课堂时效性的研究	刘思玉婷，赵倩，鲁秋生	北京市东城区培智中心学校
187	学校实践类	虚拟仿真基地推进职业教育数字化转型的探索与实践	刘炜，张钟，李绍中，汤一格	广州番禺职业技术学院

续表

序号	案例类型	案例名称	作者	作者单位
188	学校实践类	网络环境下青少年心理健康的智能干预	刘贤明，罗良，罗亚平	浏阳市田家炳实验中学
189	学校实践类	“融慧教育”下教师数字画像助力教师专业发展	刘翔	武汉经济技术开发区湖畔小学
190	学校实践类	线上线下混合式教学打造高效智慧课堂	刘小会，宋洋，杨梦	深圳市龙华区外国语学校教育集团
191	学校实践类	新课标语境下中学生探索精神与创新能力培养研究——以物联网项目式教学实践为例	刘晓杰，周思博	北京师范大学附属中学
192	学校实践类	以数字化转型助力学校发展	刘毅，彭琨，严莹，周琦勋，肖永红，杨晓帆	长沙外国语学校
193	学校实践类	开启数字化阅读新生态　创建现代化书香校园——基于国家智慧教育读书平台的学校智慧阅读实践	卢星海 1，刘琴凤 1，廖琼 2	1 湖北省宜昌市夷陵区实验小学，2 湖北省宜昌市夷陵区教育技术装备站
194	学校实践类	新智慧赋能，“智慧教育”引领下的劳育课程探究——实践探索与未来发展	罗苓月，刘玲玲	重庆科学城金凤实验学校
195	学校实践类	拥抱“互联网+教育”，助力新时期教育教学	罗万丽	兰州师范附属小学

续表

序号	案例类型	案例名称	作者	作者单位
196	学校实践类	基于数字教材的人师机师教学模型应用研究	罗奕奕	广州市荔湾区外语职业高级中学
197	学校实践类	在线智慧编程教学中的人工智能教学平台应用案例分析	吕松	广州市星执学校
198	学校实践类	“昌吉教育云”线上搭桥“作文零批改”万里直播	马红霞，赵力乐，潘春玲	新疆昌吉州吉木萨尔县第三中学
199	学校实践类	创建“心灵驿站”空间 助力心理辅导工作——铝基地曙光小学“心灵驿站”空间应用案例	毛雪霞，郭艳霞	河津市铝基地曙光小学
200	学校实践类	数字时代“云端音乐课”的教学探索	孟佳辉	北京市东直门中学附属雍和宫小学（北京市东城区雍和宫小学）
201	学校实践类	学生综合素质评价的有效方法与实践突破传统，五育赋予多元发展	聂强，李林，刘明，李法平，张博为，刘忠利	重庆电子工程职业学院
202	学校实践类	实践生态型教学模式，构建智慧教育新样态	牛秀丽，高磊	青岛西海岸新区文汇中学
203	学校实践类	VR+生态文明教育的创新与实践	彭葆蓓，黄秀岚，史颜君	武汉市二桥中学

续表

序号	案例类型	案例名称	作者	作者单位
204	学校实践类	信息技术赋能数学概念教学	彭隽	上海师范大学附属闵行第三小学
205	学校实践类	劳动教育背景下的跨学科融合实践——以构建校园“种植+”薄荷种植为例	彭琳尧，林惠梅，杨晓娟，柯琳妍，王航	福州市钱塘小学教育集团
206	学校实践类	依托“掌阅校园”实施小学语文阅读教学研究	彭琼	闵行区罗阳小学
207	学校实践类	基于智能研修平台的教师研修活动设计与运用——以“庖丁解牛”为例	普思思 1，赵健 1，卢国庆 1，夏江 2，张秀君 1，陈志倩 1	西北师范大学，贵阳清华中学
208	学校实践类	“小”先生“大”课堂——国家平台助力项目式学习激活“课后三点半”	钱丹，黄家涛，陈艳	宜昌市西陵区唐家湾中小学，宜昌市教育信息技术中心
209	学校实践类	双师混融　全线贯通-基于技术赋能的特殊教育多感官智慧课堂教学模式	任荟霖，尉晓宁，杨赛男	青岛三江学校
210	学校实践类	简易实用、数智驱动：上海交通大学智慧教室建设实践	沈宏兴，张健，李超，李远亮，邵晶晶，何晴，郝大魁，王宜之，盖文静，江婧婧，郭政	上海交通大学，教育技术中心

续表

序号	案例类型	案例名称	作者	作者单位
211	学校实践类	数据赋能教学模式的结构化创新——校建“四化一体”教学模式的探索与实践研究	盛可可	蚌埠市蚌山小学黄山校区
212	学校实践类	创新人才培养视域下的雅洋智慧课堂“三段·四环·五化”范式的探索与实践	帅亮，刘清，洪家佳，张明月，黎坤金，陈笑敏，昌小海	长沙市雅礼洋湖实验中学
213	学校实践类	借力国家智慧平台，助推乡村教育发展	宋玉金，蔺文燕	平度市新河镇灰埠小学
214	学校实践类	小与大：新智慧教育实践探索	宋自渝	重庆科学城巴福小学校
215	学校实践类	基于智能交互技术的教师联合教研提质增效探究	孙晶	北京市海淀区教师进修附属实验香山分校
216	学校实践类	寿光市以教育数字化转型赋能教育高质量发展	汤海军，王敏，郭丽，刘景全，张金友，武芳	寿光市教育和体育局
217	学校实践类	技术支撑下的数字化课堂变革之路	汤善香，王静，杨金良，陈婷	山东省潍坊高新双语学校
218	学校实践类	国家中小学智慧教育平台九大场景共助双师课堂	汤鑫，杨杰，吴小平	达州市第一中学校
219	学校实践类	温州大学“就业汇”推动大学生就业“五个一”	唐苏琼，姚渺波，魏晓晓，彭超云	温州大学

续表

序号	案例类型	案例名称	作者	作者单位
220	学校实践类	提升孤独症儿童虚拟情境教学有效性的关键事件分析	汪辰，张一春	苏州工业园区仁爱学校，南京师范大学教育科学学院
221	学校实践类	AI 赋能让习作教学突围	王冬梅，张文龙，卢洪波	青岛大学路小学
222	学校实践类	“自诊式学习”智慧课堂教学模型构建与实践	王君健，廖乐，张翰	深圳市福田区实验教育集团侨香学校
223	学校实践类	北新街小学基于国家中小学智慧教育平台应用的数字化转型创新实践案例	王立刚，李坤坤	石家庄市北新街小学
224	学校实践类	数字时代核心素养导向的学校劳动教育探索	吴文明，王玲，李胤含，吴倩，吕杰，卢荷云，顾彦，周宇，胡润东	苏州高新区通安中学校
225	学校实践类	智能驱动，融合创新开启教育数字化转型“智慧西电”新篇章	王凌霄，苗启广，綫宁	西安电子科技大学
226	学校实践类	智慧手段赋能网状知识模型构建，推进开展自适应个性化学习——以“思技业财”融合的大数据与会计专业人才培养为例	王媚莎，谭素娴，骆淑芳，陈苡，荣桂范	广州工程技术职业学院

续表

序号	案例类型	案例名称	作者	作者单位
227	学校实践类	利用 ChatGPT 提高中学生英语读写思维能力	王梦霞	中国人民大学附属中学
228	学校实践类	基于双师课堂环境下家校协作实践初探——以《黄继光》一课为例	王淼	北京市东城区分司厅小学
229	学校实践类	广州市花都区博雅学校智慧阳光评价实验校案例	王婷婷	广州市花都区博雅学校
230	学校实践类	提升智能素养的“AI-STEM”课程开发与创新实践	王同聚 1，许月媚 2	1 广州市电化教育馆，2 广州市南武中学
231	学校实践类	智慧引领、素养提升，青岛二中全面开展人工智能教育	王先军，赵忠勇，崔春蕊	山东省青岛第二中学
232	学校实践类	解锁智慧助教大视界　打造高效赋能新主张	王新权，李明金，许战强	青岛弘毅中学
233	学校实践类	乘着数字化的春风　绽放小学语文学科的灵动之美	王秀明	北京理工大学附属小学
234	学校实践类	智慧赋能，烹出屏山劳育七滋八味	王羽，陈亮，谢珍娟，王璐璐，黄晓慧，陈细云	福州市屏山小学

续表

序号	案例类型	案例名称	作者	作者单位
235	学校实践类	华中师范大学以教育数字化转型赋能教师发展	吴和林，黄涛，罗丽华，黄涛，吴小平，夏欣，黄红涛	华中师范大学
236	学校实践类	以“管理体系化、课堂融合化、评价个性化”驱动学校数字化转型	吴林林，霍芬芳，谢依灵	武汉市光谷第十五小学
237	学校实践类	教育数字化转型背景下的数字校园建设实践	吴绍靖 1，吴小平 1，黄红涛 1，余琳 1，闵行星 2，陆于兰 2，陆俊健 2	1 华中师范大学，2 中银金融科技有限公司
238	学校实践类	基于 AI 智批平台的小学作业设计与管理实践研究	肖丽华，高冬梅，黄艳	湖南省长沙市湘江新区滨江小学
239	学校实践类	基于国家中小学智慧教育平台开展“双师课堂”教学实践探索	谢家峰，洪艳，俞昌林	芜湖市沚津学校
240	学校实践类	基于网络学习空间的“名师课堂”多学科研修模式的实践研究	谢玉妃，邓少珊，赵斌，何瑞芬	广州市越秀区云山小学
241	学校实践类	多课型混搭，数字化转型下的课堂变革路径	幸仁娇，向雪萍，刘畅，周开铭，石敬馨，王媛媛	重庆两江新区行远小学校
242	学校实践类	数据驱动和应用牵引下的全息智能学生评价决策实践探索	熊余，田航，储雯，阮昆，黄容，蔡婷	重庆邮电大学

续表

序号	案例类型	案例名称	作者	作者单位
243	学校实践类	构建基于大数据的评价体系，实现学生综合素养全面提升	修文艳，王涛	青岛市崂山区第二实验小学
244	学校实践类	数字赋能，让阅读自然发生	晏莉，杨光，蒋旻君，肖雅欣	武汉市育才小学
245	学校实践类	课程的力量——让课程变革引发学校教育变革	杨帆	深圳市龙华区万科双语学校
246	学校实践类	教育数字化转型背景下打造有温度的学生工作	杨军 1，李刁 1，鲍新龙 1，吴绍靖 1，余琳 1，闵行星 2	1 华中师范大学，2 中银金融科技有限公司
247	学校实践类	数智赋能学生品德评价　促进生命成长	杨娜，何俭辉，黄艳云，李承，谢彬，叶婷，刘念，苏迈，王莲娥，李艳忠	长沙市雨花区育新小学
248	学校实践类	更新观念　细化管理——以重庆科学城明远未来小学校作业管理为例	杨清平	重庆科学城明远未来小学校
249	学校实践类	构建自主学习空间　促进学生个性发展——以“小任务驱动”自主探究学习空间建设实施为例	杨彦，王丹萍	上海市闵行区吴泾实验小学

续表

序号	案例类型	案例名称	作者	作者单位
250	学校实践类	基于深度学习理念的初中地理混合式教学探究——以《世界人口增长》为例	杨云萍	广州市第五中学
251	学校实践类	AI 赋能，构建英语听说课堂教学新模式	杨志娟，李鹏，栗红梅	保定市第十七中学
252	学校实践类	智慧学习环境视域下沉浸式 AI 听说课堂的教学实践	叶楚楚，王玲燕	广州市天河区天府路小学
253	学校实践类	以“智”教与“慧”学开辟教学新样态	殷欣，万森	郑州外国语小学
254	学校实践类	数字化技术赋能薄弱学校育人质量提升	尹慧红，胡峰，杜洁燕，余蓓	武汉市武昌区三道街小学
255	学校实践类	探索数字化转型，助智慧教育新样态实践	余盼，高钰，罗志强	武汉经济技术开发区实验小学
256	学校实践类	以作业数据为驱动，用智慧纸笔促变革	袁靖榆	广东第二师范学院附属南沙实验小学
257	学校实践类	AIGC 助力美术创作课程培养优质艺术人才	臧澄，桑圆圆	北京市第一零九中学
258	学校实践类	人工智能与传统文化的融合教学实践	张博华，郭艳玫，田华	北京市第五中学分校附属方家胡同小学（北京市东城区方家胡同小学）

续表

序号	案例类型	案例名称	作者	作者单位
259	学校实践类	大数据分析助推教师专业成长	张菲菲，庄明华，陈朝祎	潍坊市实验小学
260	学校实践类	智慧教育背景下的贯通式教学模式探索	张广兵	西南科技大学智慧教育研究中心
261	学校实践类	新课程改革背景下学生综合素质评价体系构建与应用——以信息科技课《美妙的图形》为例	张海涛，王秋晨，袁加欣	北京市海淀区翠微小学
262	学校实践类	基于学生核心素养发展的“5+X”教学评价探索	张洪乾	青岛榉园学校
263	学校实践类	智慧教育背景下家校社协同育人路径探索	张继芳，邹娅	重庆两江新区金山学校，
264	学校实践类	杭州萧山区信息港初中虚拟现实功能教室实践应用	张建忠 1，谷文忠 2	1 杭州市萧山信息港初中，2 北京润尼尔软件科技有限公司
265	学校实践类	阶梯式智慧学习：智慧校园赋能智慧育人新范式	张洁，王剑忠	江苏省常熟市报慈小学
266	学校实践类	畅言智慧助力课堂教学	张俊俊，范小冬	芜湖市周皋学校
267	学校实践类	视频教学赋能课堂 培育体育教学新“视”力	张岚，杨鸿，徐发	重庆科学城西永第一小学校

续表

序号	案例类型	案例名称	作者	作者单位
268	学校实践类	《国家中小学智慧教育平台》在英语教学中的应用	张林	广州市增城区新塘镇第二小学
269	学校实践类	青少年物联网智慧教育新模式的探索与研究	张璐薇	北京市东城区崇文青少年科技馆
270	学校实践类	基于虚拟货币的“五育 RBI 融合课程”创新评价	张宁，曹阳	深圳高级中学（集团）东校区初中部
271	学校实践类	依托微信平台共筑家校社新型育人合作体	张素苓	北京市东城区东交民巷小学
272	学校实践类	优课解码——人工智能+教师能力发展新范式	张伟春	广州市天河区教育局
273	学校实践类	“AI+五育”，“坊”孵教师成长新样态	张文，张雷，罗娟，胡灵娟，佘祎，唐江峰，汤光华	长沙市天心区仰天湖赤岭小学
274	学校实践类	资源为本，应用为王——借力国家中小学智慧教育平台促进星湖教育高质量发展	张先彬，罗建华，丁文龙	重庆两江新区星湖学校
275	学校实践类	数字化赋能教育管理与人才培养创新研究案例	张秀芳	蚌埠二中禹会实验学校

续表

序号	案例类型	案例名称	作者	作者单位
276	学校实践类	博物馆数字资源支持下的历史大单元教学应用案例	张屹然	北京汇文中学朝阳学校
277	学校实践类	运用智慧教育平台助力农村小学教学	章友发，杨金贵，赵迎春	南陵县籍山镇葛林完全小学
278	学校实践类	航天点亮梦想　创新引领未来——成都华西中学开展航天科普教育的实践与探索	章云凯，文波，李昔霜，余学容	四川省成都华西中学
279	学校实践类	5G 技术驱动课堂转型　课堂模式升级“易加课堂”	赵光义，张存国	苏州大学附属中学
280	学校实践类	AI 赋能，五育融合——核心素养背景下综合育人模式的创新实践探究	赵蒙，陈辉，李鸿鹄，李鹏	北京师范大学宣城实验学校
281	学校实践类	实验策略下青少年网络素养课程的开发与实践——以《剖析钓鱼手段——互联网安全意识》一课为例	赵琪旻，杨爽，刘文文	北京市人大附中航天城学校
282	学校实践类	基于教育数字化的大规模乡村振兴本土人才培养实践——国家开放大学百万农民大学生培养案例	赵婷婷，杜咨毅，付晋峰，李广德	国家开放大学

续表

序号	案例类型	案例名称	作者	作者单位
283	学校实践类	智慧课堂环境下的高中物理“四步法”教学模式实践研究	赵熙，白然	昆明市第八中学
284	学校实践类	技术赋能，探索学校“三四五”数字化学习新样态	赵瑛群	上海市闵行区田园外语实验小学
285	学校实践类	从生成式大模型到个性化教育场景——国家开放大学终身教育平台数字化建设新探索	郑晨2，孙北辰1，贺媛婧1，赵艳1，张欢1，王卫燕3，王健3，胡时伟4，陈雨强4，杜海洋3，程罡1，李静2，袁亚兴3	1国家开放大学，2数字化学习技术集成与应用教育部工程研究中心，3国开在线教育科技有限公司，4北京第四范式智能技术股份有限公司
286	学校实践类	教育信息化背景下“双师教学”模式的应用研究——以深圳市云端学校为例	钟丽霞	深圳市盐田区云海学校
287	学校实践类	信息技术支撑下基于“问题和协作”的跨学科主题教学	钟源盛，罗明勋，宋倩玲，刘家豪	深圳市龙华区教育科学研究院附属学校
288	学校实践类	基于人工智能的跨学科项目式学习实证研究——以音乐地理跨学科课程《樱花盛开的地理之美》为例	周成，徐葛琳	苏州工业园区娄葑学校
289	学校实践类	数字赋能创新区域教育新生态	周群立	青云谱区教师发展中心

续表

序号	案例类型	案例名称	作者	作者单位
290	学校实践类	基于大数据，优化小学生“五育并举”综合评价	周雪红	苏州市吴中区华东师范大学苏州湾实验小学
291	学校实践类	依托网络校联体，探索乡村学校“三个课堂”的实践路径	周燕，许司其，林涌波，徐日康，刘汉卿，曾伏民	湖南湘江新区莲花镇中心小学，湖南湘江新区教育局信息中心
292	学校实践类	国际合作大数据平台助力高校国际交流合作服务	周英华，孙晓辉，王晨，夏玉良	中国科学技术大学
293	学校实践类	运用数字化平台控件技术设计任务 呈现与发展学生的数学思维	朱方微	上海市奉贤区塘外小学
294	学校实践类	三创赋能：走向人机协同的教育未来——一所九年一贯学校的人工智能教育推进探索	朱蕾，黄菊敏	温州市瓯海区外国语学校，温州市瓯海区教育研究院
295	学校实践类	小学人工智能机器人课“垃圾分类”项目三个基本环节初探	朱庆煊	北京市海淀区第二实验小学
296	学校实践类	“跨学科融合视域下依托数字化教学落实核心素养”——以音乐主题教学“倾听大自然的声音”为例	朱砂	北京市东城区景泰小学

续表

序号	案例类型	案例名称	作者	作者单位
297	学校实践类	“秘境”课程的建设与实施	朱胜，赵谦	武汉市汉阳区郭茨口小学
298	学校实践类	“广州共享课堂”应用推广案例研究	朱穗蓉，李晓波	广州市花都区炭步镇中心小学
299	学校实践类	虚拟物理实验室：创新的教学工具和学习平台	朱园萍	成都市大弯中学校
300	学校实践类	元宇宙AR技术赋能小学航天教育课程开发与实践	祝琛	南方科技大学教育集团（南山）第二实验学校
301	解决方案类	构建云计算支撑下的数字学习空间，助力核心素养培育	陈双乐，马欣，黄桂晶	阿里云计算有限公司
302	解决方案类	“互联网+”学校智慧心育系统的构建与实践	陈英杰，毋梦薇，傅晓阳，边玉臣，陈陈	杭州铭师堂数字科技有限公司，浙江省杭州市第二中学
303	解决方案类	数字化探究实验系统	程伟德，刘财丹，尹志力	深圳思维特教育科技有限公司
304	解决方案类	基于云计算环境下的区域智慧教育平台解决方案	付强1，刘槿1，吴小芳1，王东方2，唐天杰2，舒远航3，李涛3	1成都市教育技术装备管理中心，2成都康赛信息技术有限公司，3新华三技术有限公司

续表

序号	案例类型	案例名称	作者	作者单位
305	解决方案类	基于3C模型的个性化教学整体解决方案——赋能教育教学数字化转型	广州然也教育科技有限公司	广州然也教育科技有限公司
306	解决方案类	政企合作推进教育数字化转型解决方案	胡超，唐卓，王晔，李若柱	中南大学大数据研究院，望城区教育局教师发展中心，望城区教育局教师发展中心，湖南正起高科信息科技有限公司
307	解决方案类	共赴智慧教育无限可能，松鼠Ai智适应系统陪伴千万孩子成长	栗浩洋，樊星，梁静	上海松鼠云上人工智能技术有限公司
308	解决方案类	高校虚拟教研室建设解决方案	刘超1，张龙1，王宏宇1，李慧杰2，王成涛2	1高等教育出版社有限公司，2中国教学仪器设备有限公司
309	解决方案类	教育数字化转型下的区域教育质量提升解决方案——“人机协同”精准学习驱动教育优质均衡发展	王斌	洋葱学园（北京）教育科技有限公司
310	解决方案类	课堂观察数字化解决方案助力高效教研	魏振水，苏崇，刘霄翔，刘少轩	广州视睿电子科技有限公司
311	解决方案类	泛在多模态强交互实训教学与考评系统	吴静，舒华俊	广州市吉星信息科技有限公司

续表

序号	案例类型	案例名称	作者	作者单位
312	解决方案类	以“融”促“改”，连接无限可能——让教育评价数字化转型在学校软着陆	许硕	上海皑顿信息技术有限公司
313	研究成果类	创新五育智慧评价，激活学生成长动力——芙蓉区楚怡学校《“四自”学生综合素质智慧评价体系》案例	宾斌	长沙市芙蓉区楚怡学校
314	研究成果类	面向终身学习的个性化“数字教师”智能技术研究与应用	陈恩红 1，2，王士进 1，刘淇 2，李鑫 1，袁亚兴 3，郑永和 4，夏菲菲 1，惠治儒 5，任萍萍 1	1 科大讯飞股份有限公司，2 中国科学技术大学，3 国家开放大学，4 北京师范大学，5 北京科大讯飞教育科技有限公司
315	研究成果类	智能技术赋能中学数学跨学科微项目化学习的研究	陈锋，慕婷婷，薛莺	无锡市太湖格致中学，华中师范大学教育学院，无锡市东绛实验学校
316	研究成果类	面向区域普及和特色发展的科创课程体系开发与实践	刘敏聪 1，傅骞 2，郑娅峰 3，刘鹏飞 2，郑展文 1	1 佛山市桂城街道教育发展中心，2 北京师范大学教育学部，3 北京师范大学人文和社会科学高等研究院教育科技中心（珠海）

续表

序号	案例类型	案例名称	作者	作者单位
317	研究成果类	大数据赋能精准教学行动体系的构建与实践	宋怀彬1，吴中林1，何兴明1，马红艳1，左凌慧2	1四川省教育科学研究院，2四川云数赋智教育科技有限公司
318	研究成果类	利用信息技术加强作业个性化推送的典型案例	汤佳佩，戴伟明，丁鉴	北京市朝阳区教育科学研究院，北京市朝阳区教育项目发展指导中心，北京飞象星球科技有限公司
319	研究成果类	数据驱动的教学设计优化迭代实践	万寒，高小鹏，钟梓皓	虚拟现实技术与系统全国重点实验室，北京航空航天大学
320	研究成果类	2023教育元宇宙发展研究报告	文福安，陈清奎，王世杰，张艳玲，何帅，刘世强，曹正标，王志远，徐国标，张震，胡燕妮	教育部学校规划建设发展中心教育数字化产学融合组织，元宇宙教育实验室，北邮-润尼尔虚拟现实创新技术与应用联合实验室
321	研究成果类	基于知识图谱的学生个性化靶向作业	夏江	西北师范大学教育技术学院
322	研究成果类	教学创新，师生互动，打造良好学习生态	杨敏	武汉市铁四院学校

续表

序号	案例类型	案例名称	作者	作者单位
323	研究成果类	教育数字化转型背景下师范生教育实践的模式构建与实施	尹睿 1，林升娜 1，袁晶 2	1 华南师范大学教育信息技术学院，2 广州开得联智能科技有限公司
324	研究成果类	协同创新区域推进智慧教育的实践与思考	张丽莉	东城区教育科学研究院

参考文献

一、专著

［1］教育部课题组．《深入学习习近平关于教育的重要论述》［M］．北京：人民出版社，2019 年版．

［2］尼古拉·尼葛洛庞帝．数字化生存［M］．胡泳，范海燕，译．海口：海南出版社，1997：269．

二、期刊

［1］蔡占玲．高校三全育人信息化建设的思考［J］．山西大同大学学报（社会科学版），2025（1）：10-13．

［2］蔡占玲．高校辅导员育人案例资源库建设的路径［J］．山西大同大学学报（社会科学版），2022（6）：139-142．

［3］蔡占玲．“双专”模式下的专业辅导员设置［J］．山西大同大学学报（社会科学版），2022（2）：122-125．

［4］蔡占玲．医校协同促进见习实习医学生党员教育管理的路径探析［J］．山西大同大学学报（社会科学版），2024（1）：148-151．

［5］成永军．“探索有效模式构建‘大思政’工作格局”［J］．《中国高等教育》，2019（05）．

［6］高歌，赵丽娜．“构建‘三全育人’新平台的实践探索”［J］．《学校党建与思想教育》，2019（20）．

［7］江鸿波．“论‘三圈三全十育人’的时空意蕴”［J］．《思想理论教育》，2019（10）．

［8］教育部关于切实加强新时代高等学校美育工作的意见［J］．中华人民共和国教育部公报，2019（05）：19-23．

［9］梁伟，马俊，梅旭成．高校“三全育人”理念的内涵与实践［J］．学校党建与思想教育，2020（04）：36-38．

［10］潘云鹤．人工智能 2.0 与教育的发展［J］．中国远程教育，2018（05）：5-8+44+79．

［11］石雪怡．“教育 2030”背景下联合国教科文组织促进教育信息化的动力、策略和行动［J］．中国远程教育，2023（05）：24-34．

［12］王美，随晓筱．新数字鸿沟：信息技术促进教育公平的新挑战［J］．现代远程教育研究，2014（04）：97-103．

［13］王亚非．“新时代高校全员全过程全方位育人格局形成的基本遵循”［J］．《国家教育行政学院学报》，2019（04）．

［14］张光正．构建高校思想政治工作“十大”育人体系的有效路径［J］．高校辅导员学刊，2018（08）．

［15］张睿．“协同论视域下高校‘三全育人’实施的机理与路径”［J］．《思想理论教育》，2020（01）．

［16］张文强．“新时代构建高校思想政治教育协同机制研究”

[J].《国家教育行政学院学报》，2019（12）.

[17] 赵建华，蒋银健，姚鹏阁，李百惠．为未来做准备的学习：重塑技术在教育中的角色——美国国家教育技术规划（NETP2016）解读[J]. 现代远程教育研究，2016（02）：3-17.

[18] 周蓉，顾春华．高校教育信息化建设的意义及对策[J]. 中国远程教育，2022（02）：4-10.

[19] 朱平．“高校‘三全育人’体系协同与长效机制的建构——以全员育人为中心的考察”[J].《思想理论教育》，2019（02）.

三、报纸

[1] 蔡占玲．“信息化”为三全育人注入新动能[N]. 山西日报，2023-12-05（11）.

[2] 顾小清．数据智能驱动教育生态重塑[N]. 中国教育报，2021-06-11（4）.

[3] 审时度势精心谋划超前布局力争主动实施国家大数据战略加快建设数字中国[N]. 人民日报，2017-12-10（1）.

[4] 习近平．在北京大学师生座谈会上的讲话[N]. 人民日报，2018-05-03（002）.

[5] 中共中央国务院发出《关于进一步加强和改进大学生思想政治教育的意见》[N]. 人民日报，2004-10-15.

四、其他

[1] 教育部关于数字教育资源公共服务体系建设与应用的指导意

见［EB/OL］.（2017-12-22）［2021-11-12］. http：//www. more. gov. cn/srcsite/A16/s3342/201802/t20180209-327174. Html.

［2］中共中央、国务院印发《中国教育现代化 2035》［EB/OL］.（2019-02-23）［2021-11-12］. http：//www. moe. gov. cn/jyb-xwfb/s6052/moe-838/201902/t20190223-370857. html.

［3］中华人民共和国教育部．教育部关于印发《教育信息化 2.0 行动计划》的通知［EB/OL］.

后 记

我从2020年9月正式转行成为一名大学教师，之前先后在大同市规划局下属的大同市勘察测绘院、大同市规划和自然资源局下属的大同市不动产登记中心工作。之前有这样的工作经历，主要是因为我本科及研究生期间的专业方向。我本科所学专业为地理信息系统，获得学位为理学学士。研究生期间所学专业为测绘工程，获得学位为工学硕士。此外，本科期间我还修学了第二学位，专业为数学与应用数学。所以，可以说“技术”的思想早已在我的身体里根深蒂固。

在大学里，我的工作岗位是一名专职辅导员，工作职责涉及学生生活、学习、心理等多个方面，工作范围涉及学生宿舍、教室、操场等多个场所，工作时间包括学生在校期间、家校途中，甚至学校假期中也常常会有我们工作的身影。工作中，我们要与任课教师联系，了解班级及学生的学习风气、到课情况；要与学院党委副书记、党委书记、校学工部门、教务部门请示备案，协助学生办理请假、休学、复学等手续；要与团委、学生会联合开展学生文化活动；要与党支部联合开展学生党员的培养考察。可以说，辅导员是学生与学校沟通的桥梁，是学生与学校联结的重要纽带。也因此，“没有边界”成为我们工作的一大特点。这就导致“纷繁复杂”“千头万绪”“事无巨细”成为辅导员工作的代名词。我想，虽然这些名词的背后隐含着对辅导员这一群体辛勤付出的肯定与歌颂，但归根结底暴露了教育的薄弱环节，更与“三全育人”教育理念的美好愿景相去甚远。

“三全育人”即全员育人、全过程育人、全方位育人。它不仅是对传统教育模式的革新，更是对新时代人才培养模式的高度凝练与前瞻布局。

“全员育人”强调教育的责任不应仅由教师单独承担，而应成为学校全体成员，包括行政人员、后勤服务人员乃至学生家长和社会各界共同参与的伟大事业。这种全员参与的氛围，让校园内处处洋溢着正能量，每一位师生员工都能成为学生成长的引路人和支持者。

“全过程育人”强调教育过程的连续性和系统性，即教育不应仅仅局限于课堂知识的传授，而应贯穿于学生入学到毕业的每一个阶段，甚至是他们未来的职业生涯和人生旅程中。这要求我们在日常工作中，不仅要关注学生的学习成绩，更要关心他们的身心健康、兴趣爱好、职业规划等多方面的发展。通过组织丰富多彩的课外活动、社会实践、志愿服务等，让学生在实践中学习，在体验中成长，实现知识与能力的双重提升。

“全方位育人”则强调教育内容的全面性和多元性。它要求我们在教育过程中，不仅要注重学生的知识获取和技能训练，更要关注他们的思想品德、文化素养、心理素质等综合素质的提升。为此，我们需要构建一个立体的育人体系，将思想政治教育、专业教育、通识教育、心理健康教育等有机融合，形成协同效应。同时，还要充分利用现代信息技术手段，拓展教育资源和空间，为学生提供更加便捷、高效、个性化的受教育体验。

但纵观我国三全育人的实际成效，还存在很多问题。比如，教育理念与实践脱节，虽然高校普遍提倡三全育人，但在实际操作中，往往重智育轻德育，过分强调学术成绩而忽略学生的全面发展。当然，这与智育相较德育更易考核评价也有关系。比如，育人机制不健全，高校育人机制在制度、组织、实施等方面存在不足，导致育人工作难以有效推进。比如，师资队伍建设不足，高校教师在育人过程中存在专业知识丰富而育人能力不足的问题，部分教师对三全育人的理解不够深入，缺乏有效的育人方法和手段。比如，学生主体地位缺失，学生往往处于被动接受的地位，缺乏主动参与和自我教育的机会，导致育人效果不佳。比如，家庭、社会与学校教育协同不够，未形成常态有效的协同机制，未凝聚起育人合力。以我的工作经验为例，我带2个年级4个班，不可能与所有学生家长都有联系，工作中联系最多的家长是学业预警学生的家长、存在心理问题学生的家长或者发生突发、重大事件学生的家长，而这些学生所占比例不到1/5。剩余4/5的学生如果故意向家长隐瞒我的联系方式，家长是无论如何都联系不到我的。为了避免这种问题，我建立了家长群，希望每位家长可以顺利联系到我，但个别“狡猾”的学生用自己的另外一个手机号或邀请朋友冒充家长，使我“蒙在鼓里”。当这些“狡猾”之徒“犯事儿”，我主动联系家长时，才发现家校通信根本没有建立起来，更别提家校协同了。去年8月，班里一名学生提前返校，和家长谎称跟随老师做实验。今年9月，班里2个“胆大妄为”

的学生开学当天未来报到，我拨通了家长的电话，才发现学生故意向家长隐瞒了开学时间。类似的事件还有很多，在辅导员眼中并不新鲜。但我常常会想，如果建立一个信息系统，让学生家长能看到学生在学校的学习、生活和成长，能与学校老师建立更高效便捷的联系，不仅以上这些问题可以避免，也能使大学教育不再“高高在上”，而是通过家校协同，既突破家校沟通时间、空间的限制，也让学生成长成才有更多的情感和智慧滋养。再比如，大部分学生的最终归宿—用人单位，它们与学生的实际关系是“需”和“供”的关系，但实际上很多学生了解用人单位的需求是在毕业季找工作的时候，才对用人单位有了一些认识，在大一到大三之间对用人单位可以说知之甚少。同样，用人单位对学生的考察往往也是通过毕业季的笔试、面试，对学生大一到大四学习、生活过程中的经历、成长很难有全面、深入的认识。学生在工作几年之后，按照专业发展要求，需要调查用人单位对学生的满意度，因为没有对每个毕业生进行一对一的追踪，因此得到的评价往往也是笼统的、片面的，甚至是一些客套话。但如果借助一个信息系统，将学生和用人单位从大学开始就纳入同一平台，并在学生工作期间，对用人单位定期收集满意度信息，不仅有利于学生和用人单位从一开始就增进双向了解，促成毕业季时更好的双向选择，也有利于真实、全面地收集学生这个“产品”的市场反馈，从而改进人才培养方案。

实际上，目前技术的发展已经能够为解决这些问题提供新思路、新办法，使三全育人真正落地、全面实施、逐步深入和广泛。

首先，庞大丰富的数字化教育资源及基于移动设备的学习方式构成三全育人的重要支撑。通过云平台、物联网等技术，借助手机、平板电脑等设备，学生随时随地可以实现教育资源的共享和高效利用，打破传统固定的教育模式，整合多方教育资源、延伸拓展教育空间，学习方式更加灵活、便利，形成“处处育人”的全面育人格局。在学校，我们已经随处可见学生利用手机、平板电脑等设备学习老师推送或自己搜索的网络学习资源。甚至网络课程资源已经成为教师的重要“竞争对手”。

其次，大数据技术的应用为三全育人的实施提供了强大的支持。通过大数据手段，可以精准地收集和分析学生的各种数据，包括学习情况、行为模式等，从而为学生提供个性化的教育方案。比如，西安交通大学利用物联网、云计算等先进技术，构建了学生的专属成长档案，解决了教学和育人的全过程数据如何采集和整合的技术难题，为学生综合能力提升的成效提供了全方位展示。再比如，不少高校在宿舍楼安装了门禁系统，识别夜间未返舍的学生。

再次，虚拟现实技术可通过创建和体验虚拟世界，为学生提供更加真实、生动的学习体验，帮助学生更好地理解和掌握知识。例如，我院在疫情期间利用线上虚拟实验，对学生开展实验技能的指导和演练。

此外，人工智能技术的应用还有助于提高教育的互动性和参与度。通过机器学习、自然语言处理、计算机视觉等，可以为学生提供更加丰富多样的学习体验，增强学习的趣味性和实效性，从而提高学生的学习积极性和主动性。

在信息技术的加持下，我们有理由相信学校、家长、社会能真正构成“教育共同体”，破除壁垒与隔阂，围绕学生的成长成才一起研究问题、解决问题，促进课程、科研、实践、文化、网络、心理、管理、服务、组织、资助等各项教育服务个性化、精准化服务学生，促进学生潜能得到全面挖掘、最大发展，促进我国实现教育现代化和教育强国目标。

致 谢

尊敬的读者：

首先，我要衷心感谢您选择阅读本书。在本书付梓之际，我想借此机会向所有支持我、关心我、帮助我的人表达最真挚的感谢。

首先，我要感谢我的家人，他们对我始终如一的支持与爱护，让我能够专心致志地完成本书。在我写作过程中，他们为我提供了安静的环境，为我照看着年幼的儿子，使我能专注于此书的创作。他们的理解、鼓励、信任和支持是我前进的动力，使我能够克服困难，不断进步。

其次，我要感谢我的同事。他们与我一样都是身处教育一线，兢兢业业，辛勤耕耘，对教育有着满腔的热情和不懈的努力。他们在教育教学中遇到的很多问题是我开展本书研究项目的源动力，他们的建议和意见让本书逐趋完善，他们关于三全育人与教育现代化的讨论让我受益匪浅，也产生很多思考。他们和我一样为了高效率、高质量地完成工作、改进工作，在工作中不断摸索、总结和创新。

再次，我也要感谢那些在我研究过程中提供资料、案例及帮助的机构和个人，他们的慷慨和合作使我能够进行深入地研究和分析。没有他们的帮助，我将无法为读者提供全面准确的数据。

同时，我要感谢我的学生们。他们从大学一年级开始与我朝夕相处。我见证了他们的成长，与他们一起攻坚克难、收获成功，感到由衷的快乐。本书撰写过程中，他们非常真诚地向我讲述了学习、生活、科研、社交等方面的问题和期待，期待本书将来可以帮助解决一些教育问题，促进学生的发展。

此外，我要向出版社和编辑表达我的谢意。他们专业、耐心，为本书的出版付出了辛勤的努力，并对整体结构和内容提供了宝贵的建议。

最后，我要感谢所有的读者。正是因为非常渴望将这本书呈现给您们，我才抽出时间坚持要完成本书。真诚地希望这本书能给你们带来启发和收获，祝愿您在阅读本书的过程中获得愉快、有益的体验！